Steven W.

Innovation nach Rezept

Vergleich zweier Methoden zur Entwicklung innovativer Geschäftsmodelle

Bibliografische Information der Deutschen Nationalbibliothek:

Die Deutsche Nationalbibliothek verzeichnet diese Publikation in der Deutschen Nationalbibliografie; detaillierte bibliografische Daten sind im Internet über http://dnb.d-nb.de abrufbar.

Impressum:

Copyright © Studylab 2018

Ein Imprint der Open Publishing GmbH

Druck und Bindung: Books on Demand GmbH, Norderstedt, Germany

Coverbild: GRIN | Freepik.com | Flaticon.com | ei8htz

Inhaltsverzeichnis

Abkürzungsverzeichnis

BMC	Business Model Canvas
BMN	Business Model Navigator
bzgl.	bezüglich
bzw.	beziehungsweise
et al.	et altera
NABC	Need-Approach-Benefit-Competition-Ansatz
TRIZ	Theorie zur Lösung von Erfindungsaufgaben
z. B.	zum Beispiel

Abbildungsverzeichnis

Tabellenverzeichnis

1 Einführung

1.1 Ausgangssituation und Problemstellung

Die Wettbewerbsfähigkeit und das Wachstum waren schon immer von der Innovation in einem Unternehmen abhängig. Jedoch reichten in der Vergangenheit oft Produkt- und Prozessinnovation sowie technologische Lösungen aus, um auf dem Markt wettbewerbsfähig zu bleiben und Erfolge zu erzielen. Doch durch die Globalisierung und den immer größer werdenden Einfluss der Digitalisierung auf die Industrie ergeben sich neue Rahmenbedingungen. Die Unternehmen sind veränderten Markt- und Wettbewerbsbedingungen, kürzeren Lebenszyklen, neuen, sich schnell verändernden Kundenbedürfnissen sowie regulatorischen und gesellschaftlichen Veränderungen ausgesetzt. Hinzu kommen innovationsgetriebene Start-ups, die mit disruptiven Geschäftsmodellen die etablierten Unternehmen unter Druck setzen und ganze Märkte verändern. Diese Faktoren führen dazu, dass ganze Branchen auf den Kopf gestellt werden und die reinen Produkt- und Prozessinnovationen nicht mehr ausreichen, um am Markt bestehen zu bleiben. Nach wie vor werden gute Produkte und Prozesse für Unternehmen wichtig sein, jedoch nicht mehr über den zukünftigen Erfolg oder Misserfolg entscheiden. Die Innovation von Geschäftsmodellen ist stattdessen der zukünftige Erfolgsfaktor für Unternehmen, um sich von der Konkurrenz abzuheben und neuen Kundennutzen innerhalb der aktuellen Rahmenbedingungen zu stiften.[1]

Wie massiv neue innovative Geschäftsmodelle die Wertschöpfung beeinflussen bzw. verändern, lässt sich an Erfolgsbeispielen wie WhatsApp, Uber oder Airbnb verdeutlichen, die mit ihren innovativen Ideen etablierte Geschäftsmodelle ablösten. WhatsApp zerstörte in nur wenigen Jahren das gesamte SMS-Geschäft aller Telekommunikationsanbieter, indem der Messanger kostenfreie Kommunikation über Textnachrichten anbot. Innerhalb von 5 Jahren konnte WhatsApp um die 1 Milliarde Nutzer für sich gewinnen, die sich täglich 42 Milliarden Nachrichten schicken.[2]

Innovative Geschäftsmodelle führen auch in konventionellen Märkten wie in dem der privaten Fahrdienstleistungen zu disruptiven Veränderungen. Der Mobilitäts-

---

[1] Vgl. Gassmann, O./ Frankenberger, K./ Csik M. (2013), S. 4.
[2] Vgl. Matzler, K./ Bailom, F./ Friedrich von den Eichen, S. (2016), S. 27.

anbieter Uber vermittelt Mitfahrgelegenheiten via Smartphone, ohne selbst einen Fuhrpark zu besitzen oder angestellte Fahrer zu haben.[3] Mittlerweile ist Uber in 77 Ländern und 527 Städten aktiv und ist mit einer Unternehmensbewertung von 62,5 Milliarden Dollar das wertvollste nicht börsennotierte Start-up der Welt.[4] Darüber hinaus revolutionierte

Airbnb mit einem Marktplatz zur Vermittlung von Unterkünften die Hotelbranche und entwickelte sich in kurzer Zeit zu dem weltweit größten Anbieter von Übernachtungsmöglichkeiten mit über 80 Millionen vermittelten Übernachtungen.

Der Erfolg dieser innovativen Geschäftsmodelle lässt sich darauf zurückführen, dass jedes dieser Unternehmen es wie kaum ein anderes geschafft hat, sich den Zugang zum Kunden zu sichern und sich optimal an die Bedürfnisse des Marktes anzupassen. Durch den Zugriff auf die Kundendaten sowie den direkten Kontakt zum Endkunden können diese Unternehmen optimal neue Kundenbedürfnisse und Trends erkennen und rechtzeitig reagieren.[5]

Diese Beispiele zeigen, wie wichtig es mittlerweile für etablierte Unternehmen ist, sich dem Wandel zu stellen und ihre bis dato funktionierenden Geschäftsmodelle zu überdenken und anzupassen. Dementsprechend scheint es für Unternehmen sinnvoll zu sein, die Entwicklung von neuen Geschäftsmodellkonzepten durch eine entsprechende Methodik und entsprechende Vorgehensmodelle zu unterstützen, um den Herausforderungen des neuen dynamischen Marktumfeldes und der ständig wechselnden Rahmenbedingungen zu begegnen.

1.2 Zielsetzung der Arbeit

Bezugnehmend auf Abschnitt 1.1, kann festgestellt werden, dass die Innovation des eigenen Geschäftsmodells langfristig die Überlebensfähigkeit von Unternehmen sichert und die Basis für eine erfolgreiche Gründung bildet.

Aufgrund dessen ist das Ziel dieser Thesis, zwei in der Praxis etablierte Methodiken zur Geschäftsmodellentwicklung in einem systematischen Vergleich gegenüberzustellen und anhand eines vorher festgelegten Kriterienkatalogs zu vergleichen und zu beurteilen. Des Weiteren soll durch diese Gegenüberstellung festge-

---

[3] Vgl. Gassmann, O./ Frankenberger, K./ Csik M. (2013), S. 5.

[4] Vgl. www.selectcarleasing.co.uk (uber-the-definitive-fact-file).

[5] Vgl. Gassmann, O./ Sutter P. (2016), Seite unbekannt.

stellt werden, was diese beiden Methoden vereint und anhand welcher Kriterien Gemeinsamkeiten und Differenzierungen vorliegen.

Infolgedessen werden die Ergebnisse dieses theoretischen Vergleiches durch eine empirische Untersuchung in die Praxis eingeordnet. Hierzu werden Experteninterviews mit den Geschäftsführern etablierter Start-Ups, welche ein innovatives Geschäftsmodell entwickelt haben, durchgeführt und anschließend ausgewertet. Durch die Analyse der Ergebnisse soll festgestellt werden, welche Zusammenhänge zwischen den beiden Methodiken und der Praxis vorliegen und wie ein Unternehmen bei der Entwicklung eines innovativen Geschäftsmodells vorgeht.

1.3 Aufbau der Arbeit

Wie Abschnitt 1.1 entnommen werden kann, ist das primäre Ziel dieser Arbeit, einen grundlegenden Überblick über die Entwicklungsmöglichkeiten für ein innovatives Geschäftsmodell zu gewinnen. Hierbei verdeutlicht Abbildung 1 die methodische Vorgehensweise und den Aufbau der Arbeit.

In Kapitel 2 wird zunächst die konzeptionelle Basis der Thesis geschaffen, indem wichtige und grundlegende Begrifflichkeiten, die im Zusammenhang mit der Geschäftsmodellentwicklung stehen, definiert werden.

Nachdem die theoretischen Grundlagen festgelegt wurden, folgt in Kapitel 3 die Erarbeitung und Ableitung eines Kriterienkatalogs. In einem zweiten Schritt werden zwei aktuelle Methoden zur Geschäftsmodellentwicklung umfassend beschrieben und anschließend anhand des festgelegten Kriterienkatalogs miteinander verglichen.

Die Ergebnisse dieses Vergleiches werden im Anschluss in einem Zwischenfazit festgehalten und analysiert. Hierbei soll dieses Kapitel nicht nur zur theoretischen Einordnung dienen, sondern auch als Feststellung, welche umfassenden Möglichkeiten die Methodiken zu Geschäftsmodellentwicklung geben und wo die Grenzen der beiden Verfahrensweisen liegen.

Darauffolgend wird in Kapitel 4 auf Basis der theoretischen Betrachtung eine empirische Untersuchung durchgeführt, indem Daten aus der Praxis in Form von Experteninterviews gesammelt werden. Dabei wird das Ziel verfolgt, die praktischen Erkenntnisse in die vorher analysierten Methodiken einzuordnen und die Analyseergebnisse zusammenzutragen.

Des Weiteren soll durch dieses Kapitel dahingehend eine Erkenntnisgrundlage geschaffen werden, wie Unternehmen in der Praxis aktiv die Entwicklung ihres Geschäftsmodells gestalten und wie die genaue Vorgehensweise bei diesem Prozess aussieht. Nachdem die Ergebnisse der Experteninterviews interpretiert wurden, folgt eine abschließende Betrachtung der erzielten Ergebnisse, um festzustellen, inwieweit Zusammenhänge zwischen der Methodik und der Praxis vorliegen.

Das letzte Kapitel beinhaltet folglich die Zusammentragung aller zuvor festgestellten Erkenntnisse und Ergebnisse der Thesis sowie ein abschließendes Fazit.

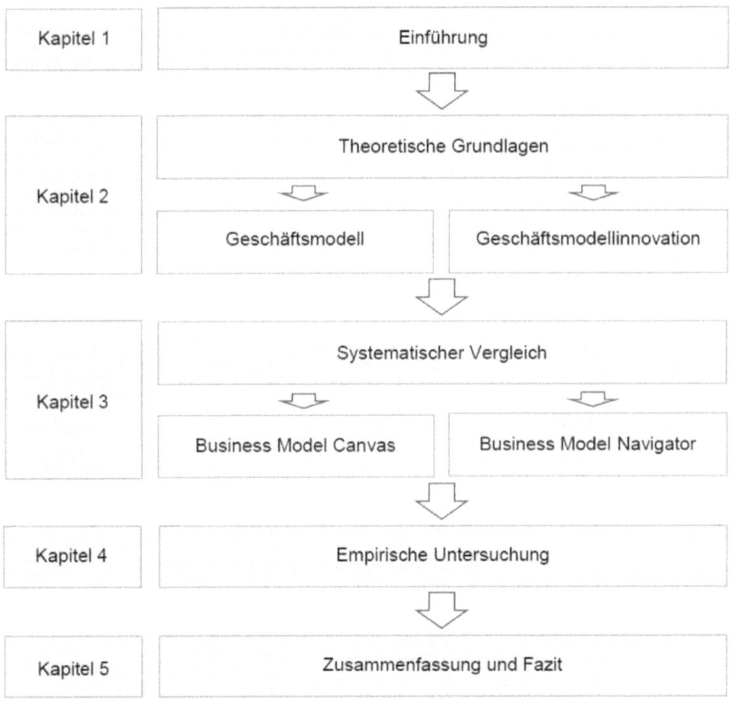

Abbildung 1 Aufbau der Thesis

Quelle: Eigene Darstellung.

2 Theoretische Grundlagen

Der folgende Abschnitt legt die konzeptionelle Grundlage der Arbeit dar. Zunächst soll ein Grundverständnis des umfassenden Begriffs „Geschäftsmodell" geschaffen werden, um abschließend eine ganzheitliche Definition des Begriffes vorzustellen. Ferner wird der Begriff der „Geschäftsmodelleinnovation" erläutert.

2.1 Annäherung an den Geschäftsmodellbegriff

Dem Begriff Geschäftsmodell, im Englischen *Business Model*, wird in der Managementlehre eine lange Tradition zugeordnet. Allerdings ging der genauen Konkretisierung des Geschäftsmodells eine lange Phase der Begriffsbildung voran. In der Literatur werden die zunehmende Popularität sowie der Bedeutungswandel des Begriffes Geschäftsmodell bzw. des Geschäftsmodellkonzepts mit der Entstehung der New Economy um die Jahrtausendwende (2000) in Verbindung gebracht.[6] Jedoch liegt der begriffliche Ursprung deutlich früher zurück, da sich bereits in veröffentlichten Artikeln von 1957, 1960 und 1965 erste nachweisliche Umschreibungen des Terminus finden lassen.[7] Demnach ist der begriffliche Ursprung nicht dem Beginn der Internetökonomie, sondern vielmehr den Anfängen der Wirtschaftsinformatik im Zusammenhang mit der Geschäftsmodellierung sowie der Gestaltung von Informationssystemen in den 70iger- und 80iger-Jahren zuzuordnen.[8] Durch die New Economy wurde schließlich der Begriff erfolgreich von dem spezifischen Bereich der Informations- und Telekommunikationstechnik in den breiten betriebswirtschaftlichen Kontext überführt und erweitert.[9] Dies ist darauf zurückzuführen, dass Internet-Start-ups versuchten, ihr Leistungsangebot und ihren spezifischen Wettbewerbsvorteil gegenüber den traditionellen Unternehmen abzugrenzen, indem sie das Schlagwort Geschäftsmodell verwendeten.[10] Mittlerweile hat sich der Begriff sowohl in der strategischen Unternehmensplanung, als auch umgangssprachlich etabliert und ist fester Bestandteil der Wirtschaftswissenschaften.

---

[6]   Vgl. Stähler, P. (2001), S. 37.

[7]   Vgl. Osterwalder, A./ Pigneur, Y./ Tucci C. (2005), S. 4.

[8]   Vgl. Zollenkopp, M. (2006), S. 27.

[9]   Vgl. Becker, W./ Ulrich P. (2013), S. 12.

[10] Vgl. Stähler, P. (2001), S. 37.

Diese zunehmende Bedeutung des Geschäftsmodells ist der immer größer werdenden Komplexität des Marktumfeldes geschuldet. Veränderte Rahmenbedingungen, vielfältige divergierende Einfluss- und Umweltfaktoren[11] sowie die Globalisierung führen dazu, dass Unternehmen einer zunehmenden Wettbewerbsintensität ausgesetzt sind. Dadurch werden Firmen immer mehr dazu gezwungen, sich durch Produkt-, Dienstleistungs- und Prozessinnovation gegenüber der Konkurrenz abzuheben. Allerdings können diese oft leicht imitiert und kopiert werden. Aus diesem Grund rückt das eigenen Geschäftsmodell und dessen Innovation immer mehr in den Vordergrund, da dieses eine höhere Komplexität, eine festere Kundenbindung und eine bessere Differenzierung sowie eine schwierigere Imitierbarkeit aufweist.[12] Dies ist die Ursache dafür, dass der Begriff heute nicht mehr wegzudenken ist und einen festen Bestandteil einer jeden Unternehmung darstellt.

2.2 Ansätze und Definition des Geschäftsmodells

In der wissenschaftlichen Theorie besteht bis heute keine einheitliche Definition des Terminus' „Geschäftsmodell", und es besteht keine Definition, aus welchen Komponenten der Begriff besteht. Dies ist besonders der hohen Komplexität des Begriffes geschuldet.[13] Grundsätzlich wird in der betriebswirtschaftlichen Betrachtungsweise des Konstruktes „Geschäftsmodell" zwischen dem Partial- und dem Universalansatz unterschieden.[14] Der Partialansatz umfasst die Beschreibung einzelner Branchen oder fokussiert sich auf Teilaspekte einer Unternehmung. Der sogenannte Universalansatz beinhaltet dagegen eine ganzheitliche Betrachtung des Geschäftsmodells und stellt diese auf eine höhere Abstraktionsebene mit branchenunabhängigem Niveau.[15] Aus dem letztgenannten Ansatz kann als erste Annäherung an den Begriff des Geschäftsmodells, dieses als ganzheitliche Beschreibung unternehmerischer Tätigkeit determiniert werden.[16]

Wie bereits in diesem Kapitel einleitend erwähnt, herrscht in der Literatur bisweilen keine Einigkeit über den Geschäftsmodellbegriff und die einzelnen Ele-

---

[11] Vgl. Dolseki, O. (2014), S. 10.

[12] Vgl. Schallmo, D. (2013), Vorwort.

[13] Vgl. Wirtz, B. (2010), S. 12.

[14] Vgl. ebd., Aussage des Gesamtwerkes.

[15] Vgl. Zollenkoop, M. (2006), S. 41-42.; Becker, W. (2011), S. 1.

[16] Vgl. Becker, W./ Ulrich, P. (2013), S. 5.

mente. Ziel dieses Abschnittes ist es daher, eine wissenschaftliche Definition des Begriffes zu erarbeiten. Vorab ist allerdings festzustellen, dass sich in der Theorie eine Vielzahl von verschiedenen Geschäftsmodellansätzen wiederfindet. Jedoch haben nur wenige Definitionen einen übergreifend gültigen und universellen Charakter.[17]

Aufgrund dessen werden zunächst relevante Definitionsansätze erläutert und eine daraus resultierende vorläufige abstrakte Definition, die als Grundlage für die weitere Arbeit gilt, abgeleitet.

Wirtz (2010) definiert ein Geschäftsmodell als eine Abbildung der relevanten Aktivtäten eines Unternehmens. Zudem erläutert er, wie durch Wertschöpfungskomponenten Werte für den Kunden entstehen. Er beachtet dabei die für ihn relevanten Kunden- und Marktkomponenten und konkretisiert den Wettbewerbsvorteil als übergeordnetes Ziel eines Geschäftsmodells.[18]

Amit und Zott (2001) sehen hingegen die Transaktion als Hauptbestandteil eines Geschäftsmodells, durch dessen Gestaltung neue Geschäftsmöglichkeiten entstehen, die wiederum zu einer erhöhten Wertschöpfung führen. Zudem wird definiert, welche Transaktionsinhalte ausgetauscht werden und welche Ressourcen dafür notwendig sind. Wichtig ist auch, in welcher Reihenfolge der Austausch von Leistungen und Gegenleistungen der verschiedenen Stakeholder stattfindet.[19]

Bieger und Rheinhold (2011) sehen ein Geschäftsmodell als Grundlogik an, wie eine Organisation Werte schafft. Dabei bestimmt das Geschäftsmodell, wie diese Werte angeboten, geschaffen, übertragen und verteilt werden und wie diese Werte in Form von Erträgen an das Unternehmen zurückfließen.[20]

Nach **Stähler** (2002) ist ein Geschäftsmodell ein Geschäftskonzept, welches aus drei Grundpfeilern besteht. Erstens enthält es die Beschreibung welchen Nutzen ein Kunde oder Partner aus dem Unternehmen ziehen kann, auch Value Proposition genannt. Zweitens ist das Geschäftskonzept eine Architektur der Wertschöpfung, die Leistung in verschiedenen Konfigurationen erstellt. Drittens beschreibt

---

[17] Vgl. Wirtz, B. (2010), S. 12.
[18] Vgl. Wirtz, B. (2010), S. 70.
[19] Vgl. Amit, R./ Zott, C. (2001), S. 493ff.
[20] Vgl. Bieger, T./ Reinhold, S. (2011), S. 32.

ein Geschäftsmodell neben dem „Was" und dem „Wie" auch, aus welchen Quellen Einnahmen und Erträge erzielt werden, das sogenannte Ertragsmodell.[21]

Die vorangegangenen Definitionen festigen noch einmal die Aussage des fehlenden gemeinsamen Konsenses des Geschäftsmodellbegriffes in der wissenschaftlichen Theorie und Literatur. Viele Autoren haben unterschiedliche Sicht- und Betrachtungsweisen und erläutern den Begriff nach einem bestimmten Anwendungsfokus.

Allerdings ist festzustellen, dass alle aufgelisteten und ein Großteil der vorhandenen Definitionen in der Literatur die Wertschöpfung bzw. die Schaffung eines Mehrwertes als Hauptbestandteil betrachten.

Diese Gemeinsamkeit steht ebenso im Mittelpunkt der Definition von Osterwalder und Pigneur, die ein *Geschäftsmodell als ein Grundprinzip ansehen, welches beschreibt, wie eine Organisation Werte schafft, bereitstellt und sichert.*[22]

Jedoch reicht diese Definition nicht aus, um die Komplexität des Terminus' einzufangen und diesen umfassend zu beschreiben. Deswegen müssen zur Vervollständigung dieser Definition verschiedene wesentliche Teilaspekte hinzugefügt werden, um das ganze Begriffsverständnis einzufangen.

Folglich definiert Osterwalder in seiner Dissertation aus dem Jahr 2004 ein Geschäftsmodell als ein *konzeptionelles Tool* und ergänzt diese fehlenden Teilaspekte:

> „A business model is a conceptual tool that contains a set of elements and their relationships and allows expressing a company's logic of earning money. It is a description of the value a company offers to one or several segments of customers and the architecture of the firm and its network of partners for creating, marketing and delivering this value and relationship capital, in order to generate profitable and sustainable revenue streams."[23]

Demnach wird ein Geschäftsmodell auf Basis der Zusammenführung der beiden Definitionen als ein konzeptionelles Tool verstanden, welches aus verschiedenen Elementen und deren Beziehungen besteht, und dessen Grundlogik aussagt, wie

---

[21]   Vgl. Stähler, P. (2001), S. 41-42.
[22]   Vgl. Osterwalder, A./ Pigneur, Y. (2010), S. 18.
[23]   Osterwalder, A. (2004), S. 15.

eine Organisation Wertschöpfungspotentiale erkennt, schafft und vermittelt sowie aus diesem Prozess einen finanziellen Nutzen generiert.[24]

Auf die Determinierung und Erläuterung der einzelnen Geschäftsmodellkomponenten wird bewusst verzichtetet, da diese im Zuge der Beschreibung des Metamodelles in Kapitel 3 aufgegriffen und genauer beschrieben werden.

2.3 Geschäftsmodellinnovation

Ähnlich wie bei dem Begriff „Geschäftsmodell", herrscht in der Literatur für den Begriff „Geschäftsmodellinnovation" ebenfalls kein einheitlicher Konsens über die genaue Definition. Anders als bei der Produkt- und Prozessinnovation, wo die Weiterentwicklung von Produkten, die Erhöhung der Produktivität und die Optimierung von Prozessen sowie die Kosteneinsparung der Produktion im Vordergrund stehen, ist bei der Geschäftsmodellinnovation das Geschäftsmodell die Ausgangsbasis der Innovation.[25]

Das Ziel dabei ist es, die Kundenbedürfnisse durch bewusste und innovative Veränderungen am bestehenden oder durch ein vollständig neues Geschäftsmodell besser zu befriedigen und dem Kunden auf eine neue Art Nutzen zu stiften.

Wirtz grenzt hierbei die Produkt- und Prozessinnovation deutlich von der Geschäftsmodellinnovation ab, indem er sich auf den höheren Abstraktionsgrad bezieht. Während sich Produkt- und Prozessinnovation auf die Erneuerung und Optimierung der Wertschöpfungsprozesse beziehen, konzentriert sich die Geschäftsmodellinnovation auf die Um- und Neugestaltung des übergeordneten Wertschöpfungsnetzwerkes und das Werteversprechen gegenüber dem Kunden.[26] *Stähler* sieht dabei die Geschäftsmodellinnovation als eine Art Wachstumsstrategie an. Diese könne zum einen in einer bestehenden Industrie die Wertschöpfung verändern, um die vorhandenen Kundenbedürfnisse zu befriedigen, und zum anderen dazu eingesetzt werden, neue Märkte zu bilden oder zu erschließen.[27]

---

[24] Vgl. Leimeister, J. M./ Krcmar, H./ Möslein, K./ Ohly, S. (2016), S. 106-107.

[25] Vgl. Stähler, P. (2001), S. 70.

[26] Vgl. Wirtz, B. (2010), S. 207.

[27] Vgl. Stähler, P. (2001), S. 52.

Gleichzeitig lässt sich der Grad der Innovation auf das Geschäftsmodell in Form von inkrementeller oder radikaler Innovation übertragen.[28] Während inkrementelle Geschäftsmodellinnovationen nur geringfüge Veränderungen am Geschäftsmodell aufweisen, führen radikale Geschäftsmodellinnovationen zu fundamentalen Veränderungen, die neuartige oder noch nicht bekannte Geschäftsmodelle hervorbringen.[29]

Neben dem Innovationsgegenstand (Prozess, Produkt oder Geschäftsmodell) und dem Innovationsgrad (radikal oder inkrementell) ergänzt **Schallmo** noch weitere wichtige Aspekte. Dazu zählt unter anderem die Bezugseinheit, die die Relevanz der Innovation für die Bedarfsträger festhält. Hauptsächlich steht dabei der Kunde im Fokus, jedoch kann sich diese auch auf eine andere wirtschaftliche Bezugsgröße, wie z. B. Wettbewerber, beziehen. Darüber hinaus sieht **Schallmo** den Prozess der Geschäftsmodellinnovation als einen weiteren wichtigen Aspekt. Dieser enthält aufeinander einwirkende Vorgänge und Entscheidungen, die in zeitlicher und logischer Beziehungen zueinander stehen. Letztendlich dient der Prozess der Entwicklung, Implementierung und Vermarktung eines Geschäftsmodells. Abschließend ergänzt er zudem die Zielsetzung als letzten wichtigen Bestandteil. Dabei ist die oberste Priorität der Geschäftsmodellinnovation, durch die richtige und effiziente Kombination der Geschäftsmodellkomponenten die Imitierbarkeit des Geschäftsmodells zu erschweren sowie die Differenzierung gegenüber der Konkurrenz zu fördern.[30]

---

[28] Vgl. ebd., S. 72.
[29] Vgl. Schallmo, D. (2014), S. 7.
[30] Vgl. Schallmo, D. (2013), S. 23-29.

3 Wissenschaftlicher Vergleich der Methoden

Ziel dieser Arbeit ist es unter anderem, zwei in der Praxis etablierte Methodiken der Geschäftsmodellentwicklung zu vergleichen, um anschließend die erzielten Ergebnisse in die Praxis einzuordnen. Das folgende Kapitel befasst sich daher, auf Basis eines Kriterienkatalogs, mit der Analyse der beiden Methoden. Dafür werden zunächst in Kapitel 3.1 Kriterien in einem Katalog zusammengetragen und erstellt. In Kapitel 3.2 werden infolgedessen die zwei Methodiken, die als Grundlage für die Geschäftsmodellinnovation gelten, anhand der Kriterien vorgestellt: zum einen der „Business Model Canvas" von Osterwalder und Pigneur und zum anderen der „Business Model Navigator" von Gassmann, Frankenberger und Csik. Der Vergleich dieser beiden Methoden erfolgt in Kapitel 3.3 und die erzielten Ergebnisse werden anschließend in Kapitel 3.4 zusammengefasst.

3.1 Festlegung des Kriterienkatalogs

Um die verschiedenen Ansätze der Geschäftsmodellentwicklung zu vergleichen, müssen vorweg Kriterien festgelegt werden, anhand derer folglich die Einschätzung und Bewertung der Methoden erfolgen kann. Der Fokus liegt dabei auf dem Metamodell und dem Gestaltungsprozess sowie den dabei eingesetzten Techniken und Tools. Der Kriterienkatalog beruht dabei auf der systematischen Analyse von **Brecht und Hess**[31] und der daraus resultierenden Kriterien. Demnach enthält der Katalog 8 Kriterien, anhand derer die Methoden untersucht werden.

- **Zielsetzung und Anwendungsgebiet:**

Wie ist die Zielsetzung der Methode? Wo wird sie angewandt, allgemein oder für bestimmte Branchen/Industrien?

- **Ausgangsbasis und Herleitung:**

Worauf basiert die Methode und wie erfolgte die Herleitung?

- **Metamodell:**

Welche Elemente beinhaltet das Geschäftsmodell und wie sind sie beschrieben? Welche Beziehungen gibt es untereinander?

- **Vorgehensmodell:**

---

[31] Vgl. Hess, T./ Brecht, L. (1995), S. 4ff.

Gibt es eine bestimmte Vorgehensweise? Sind bestimmte Phasen vorhanden und in welcher Reihenfolge erfolgt der Ablauf?

- **Techniken und Tools:**

Welche Techniken und Tools werden im Vorgehensmodell eingesetzt? Welche Gestaltungstechniken sind besonders wichtig?

- **Detaillierungsebene:**

Wie detailliert ist die Methode? Wie detailreich sind Metamodell und Vorgehensmodell beschrieben und geht die Methode in die Tiefe? Sind bestimmte Zusammenhänge zu erkennen?

- **Fokus / Hauptblickwinkel:**

Auf was bezieht sich die Methode? Wo liegt der Fokus? Steht z. B. der Kunde oder die finanzielle Ebene im Mittelpunkt?

- **Einbindung von Geschäftsmodellumwelt und Strategie:**

Wie werden die Geschäftsmodellumwelt und die Strategie in der Methode berücksichtigt? Wie werden diese miteinbezogen?[32]

3.2 Methoden zur Geschäftsmodellentwicklung

Nachfolgend werden die beiden vorweg erwähnten Methoden anhand der festgelegten Kriterien beschrieben und analysiert.

3.2.1 Business Model Canvas

Das Business Model Canvas ist eine der weltweit erfolgreichsten Methoden, um neue Geschäftsmodelle zu entwickeln und bestehende Modelle zu verstehen sowie innovativ weiterzuentwickeln. Mittlerweile ist der BMC Standard im strategischen Geschäftsmodellmanagement und unterliegt weltweiter Anerkennung.[33] Osterwalder und Pigneur umschreiben in ihrem entwickelten Ansatz nicht nur die einzelnen Geschäftsmodellbausteine, sondern auch bestimmte Gestaltungsprozesse und Techniken, die den Entwicklungsprozess eines innovativen Geschäfts-

---

[32] Vgl. Schallmo, D. (2015), S. 2ff. in Anlehnung an Schallmos Kriterienkatalog für die Untersuchung bestehender Ansätze.

[33] Vgl. Kreutzer, R. T./ Neugebauer, T./ Pattloch, A. (2016), S. 63.

modells unterstützen und vereinfachen. Dadurch kann das eigene Geschäftsmodell besser verstanden sowie Optimierungspotentiale erkannt werden.

Zwischenzeitlich hat sich der BMC auch zum Standard bei Jungunternehmen und Existenzgründern entwickelt, da er dabei unterstützt, die eigene Geschäftsidee in ein tragfähiges Geschäftsmodell umzuwandeln.[34]

Zielsetzung und Anwendungsgebiet:

Die Zielsetzung des entwickelten Ansatzes von Osterwalder und Pigneur ist die systematische Entwicklung, Optimierung und Implementierung eines Geschäftsmodells sowie deren Anpassung an die Umwelt.[35]

Zudem handelt es sich bei dem BMC um einen generischen Ansatz. Er ist daher nicht für ein spezielles Gebiet gültig, sondern auf verschiedene Branchen, Industrien und Anwendungsgebiete übertragbar.

Ausgangsbasis und Herleitung:

Die Methodik von Osterwalder und Pigneur basiert auf bestehenden Ansätzen, Fallbeispielen sowie der Beteiligung von 470 internationalen Unternehmen, deren praktische Erkenntnisse und Erfahrungen mit in die Entwicklung eingeflossen sind.[36] Entstanden ist der BMC während der Dissertation von Dr. Alexander Osterwalder an der Universität Lausanne in der Schweiz. Die dazugehörige Methodik lieferte anschließend das veröffentlichte Buch „Business Model Generation" aus dem Jahr 2010, das zusammen mit Professor Yves Pigneur geschrieben wurde.

Metamodell:

Der Ansatz umfasst die Beschreibung eines Geschäftsmodells anhand von neun Elemente, die in Abbildung 2 dargestellt werden. Osterwalder und Pigneur beschreiben die verschiedenen Elemente wie folgt:

Die *Kundensegmente* beinhalten alle unterschiedlichen Personengruppen oder Organisation, die ein Unternehmen mit dem eigenen Geschäftsmodell bedienen und erreichen will. Dabei können diese in verschiedene Segmente mit beispielsweise denselben Bedürfnissen oder gemeinsamen Verhaltensweisen eingeteilt

---

[34] Vgl. Sternsberger, M. (2014), Seite unbekannt.
[35] Vgl. Osterwalder, A./ Pigneur Y. (2010), S. 4.
[36] Vgl. Seiter, M./ Grünert, L./ Berlin, S. (2017), S. 32.

werden. Zudem muss sich ein Unternehmen darüber klar sein, auf welche Segmente es sich spezialisiert.[37] Denn je mehr die Bedürfnisse der Kunden getroffen und befriedigt werden können, desto erfolgreicher werden sich die Geschäftsmodelle auf dem Markt etablieren.[38]

Business Model Canvas (OSTERWALDER & PIGNEUR)				
Schlüsselpartner	**Schlüsselaktivitäten**	**Wertangebote**	**Kundenbeziehungen**	**Kundensegmente**
Netzwerk von Partnern & Lieferanten *Strategische Allianzen* *Joint Ventures* *Käufer-Anbieter-Beziehungen*	*wichtigste Handlungen eines Unternehmens* *Schaffen & Unterbreiten das Wertangebot / erreichen die Märkte / Aufbau & Pflege der Kundenbeziehungen*	*Paket von Nutzen, das ein Unternehmen seinen Kunden anbietet* *verschiedene Produkte & Dienstleistungen* *qualitativer oder quantitativer Natur* *Neuheiten / Leistungsoptimierung / Marke / Design / Arbeitserleichterung /*	*Arten von Beziehungen* *persönliche Unterstützung / Selbstbedienung / automatisierte Dienstleistungen / Communities / Mitbeteiligung*	*Segmentierung nach Bedürfnissen / Verhaltensweisen / Merkmalen / Finanzkraft / bevorzugte Kanäle / etc.*
	Schlüsselressourcen *können physischer, finanzieller, intellektueller, menschlicher Natur sein*		**Kanäle** *Kundenberührungspunkte alle Kommunikations- Distributions- & Verkaufskanäle*	
Kostenstruktur *Fixkosten & variable Kosten* *die zwei Extreme: kostenorientierte & wertorientierte Geschäftsmodelle*			**Einnahmequellen** *aus Verkauf von Wirtschaftsgütern / Nutzungsgebühren / Mitgliedsbeiträgen / Verleih, Vermietung, Leasing / Lizenzen, Marklergebühren / Werbung*	

Abbildung 2 Business Model Canvas 9 Bausteine

Quelle: www.dirkkirchner.com (Business Model Canvas).

Das ***Werteangebot / Nutzenversprechen*** stellt das zentrale Element eines Geschäftsmodells dar und umfasst die Gesamtheit des Angebotes an physischen Produkten und Dienstleistungen, die für die verschiedenen Kundensegmente Werte schaffen und einen Nutzen stiften. Dieses Werteangebot kann beispielsweise eine Neuheit oder eine Verbesserung einer Leistung widerspiegeln sowie durch Design, Preisgestaltung oder eine Anpassung an die Kundenwünsche entstehen.[39]

Die ***Kanäle*** beschreiben, wie ein Unternehmen mit den Kunden kommuniziert und auf welche Art und Weise die geschaffenen Werte an diese vermittelt werden. Dabei wird zwischen direkten und indirekten Vertriebskanälen unterschieden.

---

[37] Vgl. Osterwalder, A./ Pigneur, Y. (2010), S. 24.

[38] Vgl. Doleski, O. (2014), S. 28-29.

[39] Vgl. Osterwalder, A./ Pigneur, Y. (2010), S. 26-29.

Hierzu gehören z. B. die eigene Vertriebsabteilung, der Verkauf über das Internet, eigene Geschäfte und Partnerfilialen sowie Großhändler.[40]

Die **Kundenbeziehung** definiert den Beziehungstyp, den ein Unternehmen zu seinen hauptsächlichen Kundengruppen aufrechterhält. Durch diesen wird der Kunde langfristig an das Unternehmen gebunden und die zukünftige Wettbewerbsfähigkeit gesichert.[41] Dabei können Kundenbeziehungen von verschiedenen Motivatoren wie Kundenakquise, Kundenpflege und Verkaufssteigerung angetrieben und in verschiedene Formen mit dem Kunden geführt werden.[42]

Der Bereich **Einnahmequellen** beschreibt, wodurch und aus welchen Kundensegmenten ein Unternehmen seine Einkünfte generiert. Hierbei lässt sich bezüglich der Regelmäßigkeit der Einnahmen zwischen einmaligen Zahlungen, die aus Transaktionsgeschäften gewonnen werden, oder zwischen wiederkehrenden Einkünften, die aus fortlaufenden Zahlungen generiert werden, unterscheiden. Diese Einnahmen können durch Verkauf von Wirtschaftsgütern, Nutzungsgebühren, Mitgliedsgebühren, Maklergebühren sowie durch Verleihung / Vermietung / Leasing, Lizenzen und Werbung erzielt werden.[43]

Die **Schlüsselressourcen** umfassen die wichtigsten Wirtschaftsgüter, die notwendig sind, um die Funktionsfähigkeit eines Geschäftsmodells zu gewährleisten. Schlüsselressourcen können unterschiedlicher Natur sein, beispielsweise physisch, intellektuell, menschlich oder finanziell, sie werden eingesetzt, um das Wertangebot zu verbessern, die Distributionskanäle zu erweitern sowie den Aufbau der Kundenbeziehungen zu unterstützen, um schlussendlich Umsätze zu generieren.[44]

Ebenso wie die **Schlüsselressourcen** sind auch die **Schlüsselaktivtäten** ein wichtiger Bestandteil des Geschäftsmodells. Sie bilden die Kernprozesse im Unternehmen ab, die für die Funktionsfähigkeit eines Geschäftsmodells notwendig sind. Sie sind zudem Voraussetzungen für das Erstellen von Gütern oder Dienst-

---

[40] Vgl. ebd., S. 30-31.
[41] Vgl. Doleski, O. (2014), S. 29.
[42] Vgl. Osterwalder, A./ Pigneur, Y. (2010), S. 32-33.
[43] Vgl. Osterwalder, A./ Pigneur, Y. (2010), S. 34-35.
[44] Vgl. ebd., S. 38-39.

leistungen, für die Aufrechterhaltung der Beziehung zum Kunden und für die Erzielung von Erträgen.[45]

Die **Schlüsselpartnerschaften** beschreiben die wichtigsten Partner und Lieferanten, die innerhalb eines Beziehungsnetzwerkes einen wichtigen Beitrag zum Gelingen der Unternehmung beitragen. Besonders bei komplizierten und vielschichtigen Aufgaben und Tätigkeiten tragen Partnerschaften dazu bei, das Angebot zu verfeinern und eine bessere Funktionalität des Geschäftsmodells zu gewährleisten.[46] Zudem lassen sich verbundene Risiken mit der Geschäftätigkeit anteilig mindern, Mengenvorteile bei der Beschaffung erzielen und die Ressourcenverfügbarkeit erweitern.[47]

Letztendlich beschreibt die **Kostenstruktur** die Gesamtheit der Kosten, die bei unternehmerischen Tätigkeiten während der Wertschöpfung anfallen. Kosten entstehen dabei hauptsächlich bei der Ausführung von Schlüsselaktivitäten, dem Fremdleistungsbezug von Partnern oder der Beschaffung von Schlüsselressourcen.[48] Hierbei lässt sich das Geschäftsmodell in die kosten- oder wertorientierte Kostenstruktur eingliedern. Während wertorientierte Geschäftsmodelle versuchen, eine möglichste hohe Wertschöpfung und ein besonderes Werteangebot zu schaffen, konzentrieren sich kostenorientierte Geschäftsmodelle auf die volle Ausschöpfung der Kostensenkungspotentiale, um eine möglichst günstige Dienstleistung oder ein günstiges Produkt anzubieten.[49]

Vorgehensmodell:

Osterwalder und Pigneur schlagen einen generischen Gestaltungsprozess zur Geschäftsmodellentwicklung vor, der sich in die fünf Phasen Mobilisieren, Verstehen, Gestalten, Implementieren und Durchführen unterteilt, wobei der Prozess als generelle Ausgangsbasis gilt, von dem jedes Unternehmen die eigene Vorgehensweise für die individuellen Probleme und Herausforderungen erweitern kann. Des Weiteren betonen Osterwalder und Pigneur, dass Geschäftsmodellinnovation nur selten per Zufall geschehe, sondern ein zeit- und energieintensiver Prozess

---

[45] Vgl. Klein, A. (2013), S. 38.

[46] Vgl. Doleski, O. (2014), S. 33.

[47] Vgl. ebd., S. 34.

[48] Vgl. Osterwalder, A./ Pigneur, Y. (2010), S. 44.

[49] Vgl. ebd., S. 45.

sei. Allerdings ist das Ergebnis meistens ein tragfähiges, leistungsstarkes Geschäftsmodell, welches zukünftiges Wachstum und Gewinne verspricht.[50]

Abbildung 3 Prozess zur Geschäftsmodellgestaltung

Quelle: Eigene Darstellung.

Die erste Phase der *Mobilisierung* umfasst schwerpunktmäßig die Vorbereitung sowie die Schaffung von Voraussetzungen für den weiteren Designprozess. Hierbei werden die konkreten Projektziele definiert und die darauffolgenden Phasen geplant. Maßgeblich ist in diesem Abschnitt die Zusammensetzung eines möglichst heterogenen Teams, welches aus verschiedenen Geschäftsbereichen und Abteilungen besteht, um ein möglichst breites Fachwissen, Erfahrungen und neue Ideen einzufangen.[51]

Die Phase des *Verstehens* ist stark geprägt von Recherchen und Analysen, um ein fundiertes Grundverständnis für den Kontext, in dem sich ein Geschäftsmodell entwickeln lässt, aufzubauen. Im Fokus dieser Untersuchung steht die Geschäftsmodellumgebung. Experteninterview, Marktforschung, Kunden- und Marktanalysen sowie die Beobachtung von konkurrierenden Geschäftsmodellen helfen dabei, diese Umgebung besser zu verstehen und analysieren zu können.[52] Besonders wichtig ist zudem in dieser Phase, ein Verständnis für den Kunden und dessen Bedürfnisse aufzubauen.

Die *Design*-Phase ist durch die Schaffung, Erprobung und Auswahl von potentiellen Geschäftsmodelloptionen gekennzeichnet.[53] In dem Abschnitt werden die erarbeiteten Informationen und Ideen aus den vorangegangenen Phasen integriert, indem diese mit in die Entwicklung von mehreren Geschäftsmodellprototypen einfließen. Anschließend werden die verschiedenen Prototypen intensiv getestet und durch Feedback von externen Fachleuten und potentiellen Kunden einge-

---

50   Vgl. ebd., S. 250.
51   Vgl. Zolnowski, A. (2015) S. 2.
52   Vgl. Osterwalder, A./ Pigneur, Y. (2010), S. 256-257.
53   Vgl. Simmert, B./ Ebel, P./ Bretschneider, U. (2014), S. 18.

schätzt.[54] Nachdem das Testen aller potentiellen Geschäftsmodelle abgeschlossen ist, wird auf Basis des Tests der erfolgversprechendste Prototyp ausgewählt.

Die ***Implementierung***sphase führt den vorher ausgewählten Prototyp in die Praxis bzw. in den Markt ein. Damit einher geht die genaue Konkretisierung der geplanten Projekte, die Berücksichtigung der rechtlichen Rahmenbedingungen, die Planung des genauen Ablaufes mit der Festlegung der einzelnen Schritte, die Schaffung von Klarheit über die Finanzierung und die Erstellung einer Projekt-Roadmap.[55] Des Weiteren sollten geeignete Mechanismen berücksichtigt werden, die das Geschäftsmodell schnell an das Kundenfeedback anpassen können.[56]

In der letzten Phase, der ***Durchführung/ des Managements,*** werden Managementstrukturen geschaffen und das Geschäftsmodell, unter Berücksichtigung der langfristigen Ziele, in dessen Verantwortungsbereich übergeben. Hierbei besteht die Aufgabe darin, das Geschäftsmodell ständig zu beobachten, Verbesserungspotentiale zu erkennen und, wenn nötig, Anpassungen an die Reaktionen des Marktes vorzunehmen.[57]

Techniken und Tools:

Neben dem Designprozess beschreiben die Autoren eine Reihe von Techniken und Tools, die aus dem Design Thinking und der strategischen Analyse kommen.[58] Es handelt sich dabei um die Gestaltungstechniken aus den Bereichen Customer Insights, Ideengewinnung, visuelles Denken, Prototyping, Storytelling und Szenarienbildung.[59] Diese sollen den Innovationsprozess des eigenen Geschäftsmodells unterstützen und dazu führen, dass gedankliche Grenzen aufgebrochen werden. Die Techniken aus dem Bereich der strategischen Analyse, die die Untersuchung der Geschäftsumwelt, die SWOT-Analyse und die Blue-Ocean-Strategie umfassen, werden in dieser Arbeit nicht näher behandelt.

Die Kreativitätstechnik *Customer Insight* umfasst die Analyse, Aufbereitung, Gewinnung und Interpretation von Daten der Kunden sowie deren Konsumverhal-

---

[54] Vgl. Osterwalder, A./ Pigneur, Y. (2010), S. 258.

[55] Vgl. Zolnowski, A. (2015) S. 3.

[56] Vgl. Osterwalder, A./ Pigneur, Y. (2010), S. 260

[57] Vgl. Simmert, B./ Ebel, P./ Bretschneider, U. (2014), S. 3.

[58] Vgl. Schallmo, D. (2013), S. 89.

[59] Vgl. Osterwalder, A./ Pigneur, Y. (2011), S. 130.

ten, Erwartungen, Bedürfnisse und Wünsche.[60] Das Hauptziel ist es, durch das Hineinversetzen in die Kundenperspektive ein tieferes Verständnis für den Endverbraucher aufzubauen und auf dieser Basis Strategien und Entscheidungen für den weiteren Gestaltungsprozess zu entwickeln. Die Schwierigkeit liegt darin, die unerfüllten Bedürfnisse zukünftiger Kunden zu erkennen, da diese oft am Rand der heutigen Einnahmequelle liegen. Deswegen sollten sich Unternehmen auch auf unerschlossene neue Kundensegmente konzentrieren und nicht nur auf altbewährte.[61]

Um diese Kundensegmente und deren Bedürfnisse zu erfassen, eignet sich nach Osterwalder und Pigneur die *Empathiekarte* als optimales Tool. Durch ihre Anwendung werden spezifische Kundenprofile erstellt, die nicht nur auf demografische Merkmale eingehen, sondern auch auf Verhaltensweisen, das Umfeld oder genaue Wünsche. Diese Informationen führen beispielsweise zu einer präziseren Ausgestaltung des Werteangebotes, der Verkaufskanäle oder der Einnahmequellen.[62] Zuerst werden durch Brainstorming alle möglichen Kundensegmente zusammengetragen und diesen dann die Fragen der Emphatiekarte (Abbildung 4) gestellt, um die Bedürfnisse und Probleme der Kunden zu erkennen, zu lösen und die Kunden langfristig zu binden.[63]

---

[60] Vgl. Riekhof, H. C. (2010), S. 9ff.

[61] Vgl. Osterwalder, A./ Pigneur, Y. (2010), S. 132-133.

[62] Vgl. Gerstbach, I. (2017), S. 85.

[63] Vgl. Osterwalder, A./ Pigneur, Y. (2010), S. 135.

Abbildung 4 Empathiekarte

Quelle: www.andrewehr.com (Empahtiekarte)

Um das zukünftige Denken zu erleichtern, setzen die Autoren bei der Geschäftsmodellentwicklung **Was-Wäre-Wenn-Fragen** ein, um bestimmte Annahmen zu schaffen und diese im Kopf durchzuspielen. Dadurch können neue innovative Geschäftsmodelle entstehen und Ideen generiert werden. Ein gelungenes Beispiel ist das Geschäftsmodell von Skype, das sich die Frage gestellt hat: Was-Wäre-Wenn Telefongespräche weltweit kostenlos wären?[64]

Eine weitere Kreativitätstechnik namens **„Dumme Kuh"** gilt als Einstiegsübung und ist im Rahmen der Geschäftsmodellinnovation ein hilfreiches Tool, um die beteiligten Personen aus ihrem Alltag herauszuholen und an die Geschäftsmodellierung heranzuführen. Auf spielerische Art sollen die Teilnehmer in einem Zeitraum von 3 Minuten ein innovatives Geschäftsmodell skizzieren, welches als Kernressource eine Kuh verwendet. Ziel dabei ist es, die Vielfalt von Ideen für die Geschäftsmodellstruktur zu visualisieren.[65]

Ein weiterer wichtiger Bestandteil für das Arbeiten mit Geschäftsmodellen ist das **visuelle Denken**. Eine bildliche Darstellung der verschiedenen Bausteine und des Konstruktes unterstützen dabei, eine Geschäftsidee zu schaffen und diese

---

[64] Vgl. www.provinz.bz.it (Planung und Design).
[65] Vgl. Selhofer, H./ Wieden-Bischof, D./ Hornung-Prähauser, V. (2016), S. 17ff.

greifbar zu machen. Zudem kann die Visualisierung die Beziehungen zwischen den einzelnen Komponenten näher veranschaulichen und die Komplexität sowie das Abstrakte konkretisieren und vereinfachen. Um das visuelle Denken zu verfeinern, beziehen sich Osterwalder und Pigneur auf zwei weitere Techniken: die Verwendung von **Haftnotizen** und das Einsetzen von **Zeichnungen** in Verbindung mit der Canvas. Ersteres dient als Ideenbehälter und als Instrument der strategischen Diskussion. Oft herrscht Uneinigkeit darüber, welche Bausteine zu einem Geschäftsmodell gehören und welche nicht. Die passenden Post-its führen zu einer Debatte und einer Dynamik im Gestaltungsprozess. Zeichnungen können hingegen noch einen größeren Einfluss auf die Teilnehmer haben, da sie noch aussagekräftiger sind und Menschen stärker auf Bilder als auf Wörter reagieren. Ferner ist es wichtig, das Geschäftsmodell den einzelnen Teilnehmer durch einfache und simple Zeichnungen zugänglich zu machen.[66]

Als ein weiteres wichtiges Tool setzen die Autoren im Entwicklungsprozess eines neuen innovativen Geschäftsmodells **Prototypen** ein. Diese können in Form von einfachen Skizzen über ausgearbeitete Businesspläne bis hin zu Tabellen mit finanziellen Strukturen verschiedene Ausarbeitungsformen annehmen. Sie dienen als Denkwerkzeuge zur Erforschung verschiedener Richtungen, in die sich das Geschäftsmodell entwickeln kann. Hierbei werden abstrakte Konzepte greifbar und aus einer Vielzahl von Ideen kann die beste Auswahl getroffen werden.

Des Weiteren legen die Autoren nahe, **Geschichten zu erzählen**, um ein neues Geschäftsmodell greifbar zu machen, und Erfahrungen sowie Emotionen zu kommunizieren. Dies kann eine überzeugende Wirkung auf das Team haben und das Geschäftsmodell leichter zugänglich machen. Hierbei gibt es verschiedene Erzähltechniken in Form von Bildern, Videoclips, Rollenspielen, Texten oder Comics, mit deren Hilfe die Geschichte vorgetragen wird.[67]

Zu guter Letzt empfehlen Osterwalder und Pigneur das Durchführen von **Zukunftsszenarien**, die zur Überlegung zwingen, wie sich das Geschäftsmodell unter gewissen Rahmenbedingungen entwickeln wird und wie die Kunden sowie das Umfeld auf das Konzept reagieren werden.[68] Durch den Einsatz solcher Zu-

---

[66] Vgl. Osterwalder, A./ Pigneur, Y. (2010), S. 152-155.
[67] Vgl. ebd., S. 176-183.
[68] Vgl. ebd., S. 186.

kunftsbilder wird das systematische Vorausschauen gefördert und eine bessere Planbarkeit der Folgezeit gewährleistet.[69]

Detaillierungsebene:

Der Ansatz von Osterwalder und Pigneur kann einen hohen Detaillierungsgrad vorweisen, da die Autoren auf die einzelnen Geschäftsmodellelemente eingehen und jedes genau beschreiben. Gleichermaßen werden auch der Entwicklungsprozess eines innovativen Geschäftsmodells sowie die dabei eingesetzten Gestaltungstechniken im Detail erläutert.[70] Ebenfalls liefert der Ansatz durch seine beschriebenen Techniken die Möglichkeit, die einzelnen Elemente eines Geschäftsmodells weiterzuentwickeln und zu formen.

Jedoch fehlt trotz des hohen Detaillierungsgrades die spezifische Betrachtung, da sowohl in der Abbildung der Bausteine als auch im Gestaltungsprozess der generische Aufbau und die allgemeine Gültigkeit den Anwender darin hindern, bei der Modellierung in die „Tiefe" zu gehen. Folglich müssen erst bestimmte Voraussetzungen geschaffen werden, um individuell arbeiten zu können.[71]

Fokus / Hauptblickwinkel:

Aufgabe des BMC ist es, die einzelnen Unternehmensbereiche und deren Beziehungen untereinander strukturiert darzustellen. Ausgangspunkt dieser Betrachtung sind hierbei die Kundensegmente. Sie bilden das Herzstück eines Geschäftsmodells und die Basis für die weitere Entwicklung, Auswahl und Terminierung der weiteren Bausteine. Der zweite wichtigste Aspekt, der in der hauptsächlichen Betrachtungsweise des BMC neben der Kundenebene steht, ist das Werteangebot/Nutzenversprechen. Die darin enthaltenen Produkte / Dienstleistungen schaffen einen Nutzen für den Kunden und befriedigen dessen Bedürfnisse.[72]

Einbindung von Geschäftsmodellumwelt und Strategie:

Osterwalder und Pigneur binden die Geschäftsmodellumwelt ein, indem sie diese in die vier Analysebereiche Schlüsseltrends, Markt-, Branchen- und makroöko-

---

[69] Vgl. Fink, A./ Siebe, A. (2016), S. 15.
[70] Vgl. Schallmo, D. (2013), S. 85.
[71] Vgl. Osterwalder, A./ Pigneur, Y. (2010), S. 248.
[72] Vgl. Ahrend, K. (2016), S. 14.

nomische Kräfte einteilen, die das äußere Umfeld eines Geschäftsmodells darstellen.

Die *Schlüsseltrends* beinhalten die zukunftsorientierte vorausschauende Sichtweise und Beurteilung von technologischen, gesetzlichen, gesellschaftlichen und kulturellen sowie sozioökonomischen Trends.[73] Auch darunter zu verstehen sind große Umfeldveränderungen, die den gesamten Markt prägen, wie beispielsweise Technologieinnovationen oder neue Gesetzgebungen.

Die *Marktkräfte* beinhalten die grundsätzlichen Marktaspekte, die Bedürfnisstruktur in Form von Wünschen und Anforderungen der Kunden, die Wechselkosten zwischen den Wettbewerbern sowie den Anreiz der Absatz- und Umsatzmöglichkeiten des Marktes, wobei die Marktkräfte die größte Wirkung auf die Kundensegmente haben.[74]

Die *Branchenkräfte* umfassen alle Einschätzungen bezüglich der etablierten und potentiellen neuen Konkurrenten, Substitutionsprodukte, Zulieferer und anderen Teilnehmer der Wertschöpfung sowie allen Stakeholdern, die insbesondere für die Geschäftsmodellentwicklung von großer Bedeutung sind.[75]

Die *makroökonomische Umgebung* betrachtet wichtige Einflussgrößen wie die konjunkturelle Entwicklung, den Zustand der Kapitalmärkte, die Verfügbarkeit von wichtigen Ressourcen und Wirtschaftsgütern sowie deren preisliche Entwicklung und den Zugang zur wirtschaftlichen Infrastruktur.[76]

Die Einbindung konkreter Strategien oder einer genauen Strategieentwicklung ist nicht vorhanden. Es wird sich lediglich an strategischen Instrumenten (Umweltanalyse, SWOT-Analyse, Blue-Ocean-Strategie) bedient, auf deren Grundlage das entwickelte Geschäftsmodell angepasst werden kann. Die explizite Ausweisung einer Strategie und deren Einflussnahme auf das Geschäftsmodell sind nicht vorhanden.[77]

---

[73] Vgl. Osterwalder, A./ Pigneur, Y. (2010), S. 210.
[74] Vgl. Osterwalder, A./ Pigneur, Y. (2010), S. 206.
[75] Vgl. ebd., S. 208.
[76] Vgl. ebd., S. 212.
[77] Vgl. Schallmo, D. (2013), S. 89.

3.2.2 St. Galler Business Model Navigator

Der St. Galler Business Model Navigator ist eine prozessorientiere Konstruktionsmethodik, die von Oliver Gassmann, Karolin Frankenberger und Michaela Csik an der Universität St. Gallen konzipiert wurde. Die Methodik wird als ein Tool verstanden, mit dessen Hilfe Geschäftsmodellinnovationen systematisch durch die kreative Rekombination und Imitation von 55 Geschäftsmodellmustern entwickelt werden können.[78] Im Bereich der Geschäftsmodellinnovation wird er von manchen auch als der verbesserte Nachfolger des Business Model Canvas gesehen, da durch seine Anwendung präziser und schneller das geeignete Geschäftsmodell gefunden und ausgewählt werden kann.[79] Ähnlich wie bei der Methode von Osterwalder und Pigneur beruht der Business Model Navigator auf einem „magischen Dreieck", welches das Geschäftsmodell beschreibt, einem Vorgehensmodell, das den Designprozess erklärt, und auf den dabei eingesetzten Techniken und Tools. Mittlerweile hat sich die Methodik in zahlreichen Organisation und Unternehmen etabliert und stößt auf branchenübergreifende Anerkennung.[80]

Zielsetzung und Anwendungsgebiet:

Die Zielsetzung des St. Galler Business Navigators ist es, „die dominante Branchenlogik zu durchbrechen und das eigene Geschäftsmodell zu innovieren".[81] Ein weiteres Bestreben ist es, die einzelnen Komponenten bestehender Geschäftsmodell zu verstehen und diese durch kreatives Denken neu anzuordnen, sodass das Modell an die eigenen Vorstellungen und Bedürfnisse angepasst werden kann.

Es handelt sich zudem um eine allgemeingültige Methodik, die sich branchenübergreifend übertragen lässt und einen universellen Charakter hat.

Ausgangsbasis und Herleitung:

Der St. Galler Business Model Navigator wurde von Oliver Gassmann, Karolin Frankenberger und Michaela Csik, in Zusammenarbeit mit einem Forschungskonsortium aus Industrie und Akademikern sowie durch eine enge Zusammenarbeit mit dem Center for Design Research (Stanford University) entwickelt. Ferner wurde in verschiedenen Projekten und Forschungsarbeiten mit führenden Unter-

---

[78] Vgl. Gassmann, O./ Frankenberger, K./ Csik, M. (2013), S. 16-17.

[79] Vgl. www.glassl-brandel.de (magisches Dreieck vs. Business Model Canvas).

[80] Vgl. Gassmann, O./ Frankenberger, K./ Csik, M. (2013), Vorwort.

[81] Ebd., S. 16.

nehmen und Organisationen zusammengearbeitet, um die Methodik praxisnah umsetzen zu können. Auch die enge Zusammenarbeit mit den Erfindern des Design Thinkings hat den BMN stark hinsichtlich der haptischen Vorgehensweise geprägt.[82] Die grundlegende Erkenntnis dieser Forschung war, dass rund 90 Prozent aller Geschäftsmodellinnovationen nicht wirklich neu sind, sondern auf einer Rekombination aus 55 bereits bestehenden Geschäftsmodellmustern basieren, die durch die Forschung ermittelt wurden.[83]

Die Herleitung bzw. das Prinzip des BMN orientiert sich dabei an der bekannten „TRIZ-Methodik" aus den Ingenieurswissenschaften, die für die Produktentwicklung genutzt wird. Dabei wurde durch eine Auswertung von 20.000 Patenten erkannt,[84] dass sich eine Vielzahl von technischen Wiedersprüchen durch 40 Innovationsprinzipien lösen lassen.[85]

Eine ähnliche Konstruktionsmethodik wollten die Autoren mit dem BMN für die Geschäftsmodellentwicklung und -innovation entwickeln.

Metamodell:

Die Beschreibung des Geschäftsmodells erfolgt aus der Metaperspektive anhand der vier Dimensionen „Wer" (Zielgruppe), „Was" (Nutzenversprechen), „Wie" (Wertschöpfungskette) und „Wert" (Ertragsmechanik) und ist dadurch weniger detaillierter und kompakter als das Business Model Canvas.

---

[82] Vgl. ebd., S. 15ff.

[83] Vgl. ebd., S. 17.

[84] Vgl. Ronald, G./ Schimank, C. (2015), S. 182.

[85] Vgl. Gassmann, O./ Frankenberger, K./ Csik, M. (2013), S. 15.

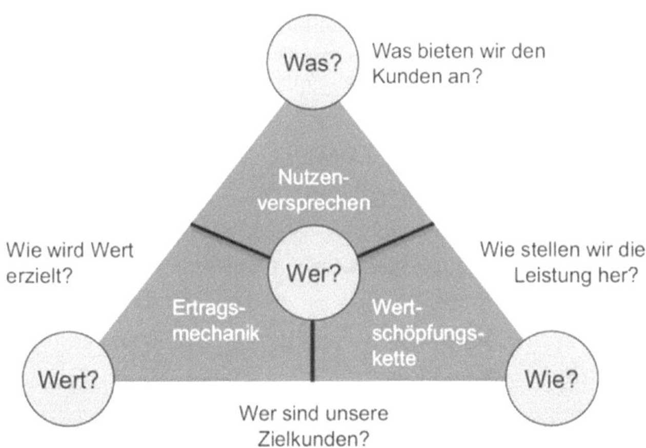

Abbildung 5 Das magische Dreieck

Quelle: www.glassl-brandel.de (magisches Dreieck vs. Business Model Canvas)

Der Kunde – Wer sind unsere Zielkunden?

Der Kern bzw. das Zentrum eines Geschäftsmodells ist der Kunde. Er ist Dreh- und Angelpunkt und das wichtigste Element des Modells. Ein Unternehmen muss sich darüber im Klaren sein, welche Zielgruppe und welche Kundensegmente angesprochen werden.

Das Nutzenversprechen – Was wird dem Kunden angeboten?

Die zweite Dimension beschreibt die Bedürfnisse des Kunden, die befriedigt werden müssen. Dabei umfasst das Nutzenversprechen alle Produkte und Dienstleistungen, die das Unternehmen anbietet, um dieses Kundenverlangen zu erfüllen und dem Kunden einen Mehrwert zu schaffen.

Die Wertschöpfungskette – Wie stellen wir die Leistung her?

Zur Erstellung des Nutzenversprechens und der Schöpfung von Werten ist eine Abfolge von Prozessen und Aktivtäten notwendig. Diese müssen in Kombination mit Ressourcen und Fähigkeiten entlang der Wertschöpfungskette koordiniert werden und bilden somit die dritte Dimension.

Die Ertragsmechanik – Wie werden Werte erzielt?

Die letzte Dimension widmet sich der Wirtschaftlichkeit sowie der finanziellen Überlebensfähigkeit des Geschäftsmodells. In Betracht gezogen werden die Kostenstrukturen sowie die Umsatzmechanismen, um festzustellen, wie die Finanzstruktur und das zukünftige Potential des Geschäftsmodells aussehen.[86]

Vorgehensmodell:

Gassmann et al. unterscheiden in dem Vorgehensmodell zwischen der Designphase und der Realisierung, die durch iterative Vorgehen charakterisiert sind. Hierbei orientiert sich die Methode an einer systematischen und praxisnahen Vorgehensweise zur Entwicklung neuer Geschäftsmodelle, und sie durchläuft idealtypisch mehrere Schritte: Initiierung, Ideenfindung, Integration und Implementierung. Die ersten drei Aufzählungen sind der Designphase und die Implementierung der Realisierungsphase zuzuordnen.

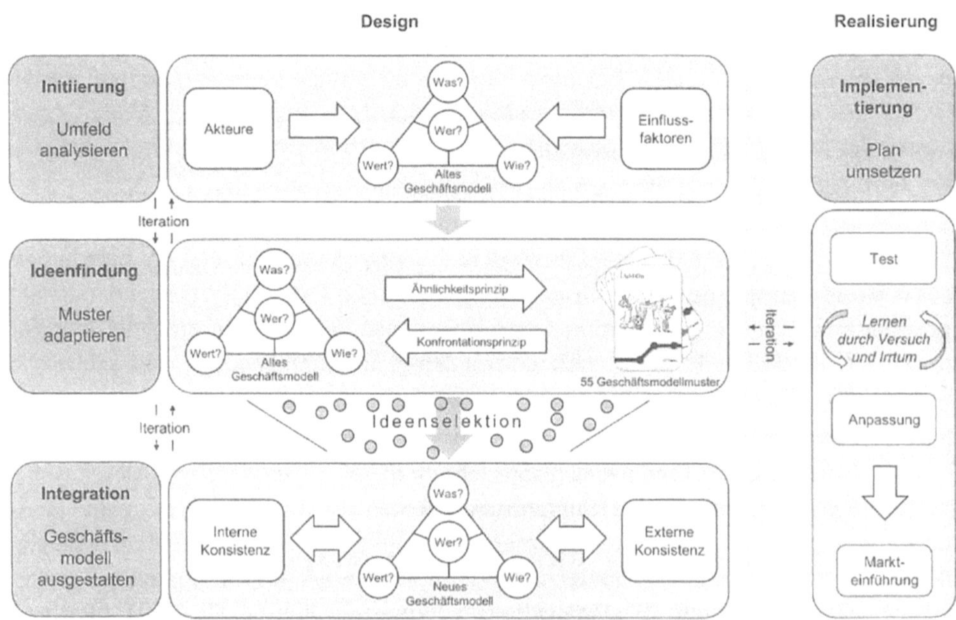

Abbildung 6 Prozess des St. Galler Business Model Navigators

Quelle: Gassmann, O./ Frankenberger, K./ Csik, M. (2013), S. 16.

---

[86] Vgl. www.darmstadt.ihk.de (Generisches Vorgehensmodell).

Initiierung: Umfeld analysieren

Im ersten Schritt des BMN wird das Umfeld umfassend und ganzheitlich analysiert. Das Geschäftsmodell ist hochkomplex und steht in Wirkungsbeziehungen mit den Akteuren (Kunden, Partner, Wettbewerber) und Einflussfaktoren (Technologie, Trends, regulatorische Veränderungen) des Marktumfeldes. Es ist nicht als isoliertes Gebilde zu verstehen, sondern ist ständigen Veränderungen durch das eigene Ecosystem ausgesetzt. Deswegen ist es im ersten Schritt wichtig, die relevanten Akteure und Einflussfaktoren mittels Umfeld- und Trendanalysen zu analysieren und das Geschäftsmodell nicht nur statisch, sondern auch dynamisch zu betrachten. Zudem wird in größeren Unternehmen empfohlen, abteilungs- und funktionsübergreifend zu arbeiten. Dadurch wird der Wissensstand aller Beteiligten über den eigenen Bereich auf die anderen Teammitglieder übertragen und erweitert. Diese bereichsübergreifenden Kenntnisse sowie das Hinzuziehen von branchenfremden Personen führen oft schnell zur Geschäftsmodellinnovation. Allerdings ist es hierbei auch wichtig, sich nicht zu sehr in der detaillierten Beschreibung zu verlieren, sondern ein entsprechendes Abstraktionsniveau beizubehalten. Meist deckt die genaue Analyse oft schon Schwachstellen und Verbesserungspotentiale auf und erzeugt dadurch die Motivation, etwas zu verändern.[87]

Ideenfindung: Muster adaptieren

Aufbauend auf dem Verständnis des Marktumfeldes und des Geschäftsmodells, wird im zweiten Schritt eine Reihe von Ideen für potentielle Geschäftsmodelle gesammelt. Allerdings ist es schwierig, die in dem ersten Schritt erzielten Erkenntnisse und identifizierten Kundenbedürfnisse auf ein innovatives Geschäftsmodell zu übertragen, da man leicht in die dominante Branchenlogik zurückfällt. Deswegen wird bei der Ideenfindung unter der Zuhilfenahme der 55 Geschäftsmodellmuster systematisch versucht, durch Musteradaption gänzlich neue Ideen für die Geschäftsmodellinnovation zu gewinnen. Hierzu werden zuerst externe Geschäftsmodellmuster angewandt, um die vorhandene Branchenlogik zu durchbrechen. Anschließend werden diese Muster in ein innovatives Geschäftsmodell übertragen, damit die Eigenentwicklung und die Kreativität angeregt werden.[88]

---

[87] Vgl. Gassmann, O./ Frankenberger, K./ Csik, M. (2013), S. 22-23.
[88] Vgl. ebd., S. 33-34.

Nachdem ausreichend Ideen gesammelt wurden, werden diese anhand des Need-Approach-Benefit-Competition-Ansatzes (NABC) selektiert und gesammelt. Dadurch können die generierten Ideen kritisch beurteilt und gefiltert werden. Gassmann et al. empfehlen hierbei ein iteratives Vorgehen, durch das die Ideen immer weiter verbessert und konkretisiert werden.[89]

Integration: Geschäftsmodell ausgestalten

Nachdem in der Phase der Ideenfindung neue potentielle Geschäftsmodellmuster ausgemacht wurden, werden diese neuen Ideen in ein ganzheitliches und stimmiges Geschäftsmodellkonzept integriert, welches in sich konsistent ist. Dabei ist sowohl die interne als auch die externe Konsistenz zu beachten, das heißt, dass das Geschäftsmodell konsistent zu den internen Anforderungen als auch zu dem externen Marktumfeld sein muss.[90] Während sich die interne Konsistenz mit der umfassenden Ausgestaltung des Geschäftsmodells und mit den vier Dimension des Wer-Wie-Was-Wert-Konstruktes befasst, dreht es sich bei der externen Konsistenz vorwiegend darum, das neue Geschäftsmodell mit der externen Umgebung in Übereinstimmung zu bringen. Ferner ist es wichtig, dass die Bedürfnisse aller beteiligten Akteure befriedigt werden und das Geschäftsmodell auf die Einflüsse von dominanten Trends und Marktgegebenheiten ausgewogen reagiert.[91]

Implementierung: Plan umsetzen

Nach dem Abschluss der Designphase sollten die Konzeption und die Struktur sowie der Aufbau des Geschäftsmodells festgelegt sein. Folglich wird in der Realisierungsphase die Implementierung dieses entwickelten Konzepts durchgeführt. Der Prozess der Implementierung erfolgt hierbei anhand eines 3-Phasen-Zyklus', der aus den Elementen Design, Prototyp und Test besteht.

---

[89] Vgl. ebd., S. 43-44.

[90] Vgl. Gassmann, O./ Frankenberger, K./ Csik, M. (2013), S. 44-46.

[91] Vgl. ebd., S. 47.

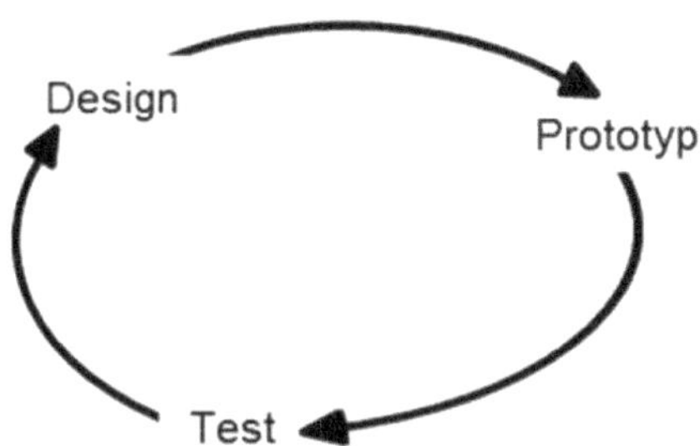

Abbildung 7 Der Grundzyklus einer Geschäftsmodellinnovation

Quelle: Gassmann, O./ Frankenberger, K./ Csik, M. (2013), S. 51.

Nachdem das Design durch die Schritte Initiierung, Ideengenerierung und Integration abschlossen ist, gilt es, das innovative Geschäftsmodell in einem Prototyp zu realisieren. Der Prototyp macht dieses Konzept greifbar und stellt eine kostengünstige Alternative zur Realisierung des Geschäftsmodells dar. Durch diesen werden die Stärken und Schwächen des entwickelten Konzepts frühzeitig sichtbar und können verbessert werden, sodass das Risiko minimiert wird. Durch das iterative Vorgehen beim Testen werden gering ausgearbeitete Prototypen durch verbesserte und konkretisierte Versionen ersetzt und das ständige Einholen von Feedback von internen Personen sowie von externen Beratern führt zu einer weiteren Verbesserung und zu einer Weiterentwicklung der Modelle. Durch das mehrmalige Wiederholen des Prozesses steigen der Detaillierungsgrad und die Realitätsnähe des neuen Geschäftsmodells, bis es endgültig für den Markteintritt bereit ist.[92]

Techniken und Tools:

Auch Gassmann et al. setzen in ihrer Methodik bestimmte Techniken und Tools ein, um den Vorgehensprozess zur Entwicklung eines innovativen Geschäftsmodells zu unterstützen. Größtenteils konzentriert sich die Methodik auf das kreative Imitieren von Geschäftsmodellen aus anderen Branchen, wobei das Prinzip; „Kapieren geht vor Kopieren" gilt.[93] Stattdessen müssen die einzelnen Elemente und deren Beziehungen untereinander verstanden und auf das eigene Geschäftsmodell übertragen werden.

---

[92] Vgl. Gassmann, O./ Frankenberger, K./ Csik, M. (2013), S. 51-52.
[93] Vgl. ebd., S. 17.

Diesbezüglich identifizierten Gassmann et al. im Rahmen ihrer Forschung drei Basisstrategien, wie aus den ermittelten 55 Geschäftsmodellmustern neue Geschäftsmodellideen entstehen.

Übertragen: Bei der Strategie des Übertragens wird ein bereits vorhandenes Geschäftsmodell auf eine andere Branche übertragen. Dadurch können bekannte Fehler bei dem Aufbau des eigenen Geschäftsmodells vermieden und eine höhere Sicherheit gewährleistet werden.

Kombinieren: Beim Kombinieren werden zwei oder mehrere Geschäftsmodellmuster miteinander kombiniert. Dementsprechend können die Vorteile beider Muster genutzt werden, und es entstehen Verbundeffekte, die sich positiv auf die Entwicklung auswirken. Allerdings erhöht sich somit die Komplexität des Konstruktes, aber dies vergrößert gleichzeitig auch die Schwierigkeit, das Geschäftsmodell zu kopieren oder zu imitieren.

Wiederholen: Beim Wiederholen wird ein erfolgreiches Geschäftsmodell innerhalb des Unternehmens in einem anderen Produktbereich wiederholt. Ähnlich wie bei dem Ansatz des Übertragens kann hier von der bereits gemachten Erfahrung profitiert und eventuelle Lernkosten verringert werden. Zusätzlich lassen sich Synergieeffekte erzielen.[94]

Gruppenarbeit zur Umfeldanalyse mit anschließender Grabrede:

Eine weitere Technik, die im Vorgehensmodell der Phase der Imitierung zugeordnet werden kann, ist die sogenannte „Grabrede". Gassmann et al. empfehlen, in einer kleinen Gruppe das geplante Geschäftsmodell anhand des Wer-Wie-Was-Wert-Konstruktes zu analysieren. Dabei überlegen alle Beteiligten, was dazu führen könnte, dass das Geschäftsmodell scheitert und wo die Schwachstellen bezüglich der Akteure und Einflussfaktoren liegen. Anschließend wird eine fiktive Grabrede für das Geschäftsmodell erarbeitet, um die Auslöser und Ursachen für das Scheitern sichtbar zu machen und das Unternehmen kritisch zu beurteilen.[95]

Um den Prozess zur Findung einer Geschäftsmodellidee zu vereinfachen, empfehlen Gassmann et al., im Rahmen der Ideenfindung Muster auf das eigene Geschäftsmodell auf Basis der 55 ermittelten Geschäftsmodellmuster zu adaptieren.

---

[94] Vgl. ebd., S. 20.

[95] Vgl. Gassmann, O./ Frankenberger, K./ Csik, M. (2013), S. 32.

Hierbei gibt es zwei verschiedene Herangehensweisen, wie diese angewandt werden können: nach dem Ähnlichkeitsprinzip oder dem Konfrontationsprinzip.

Bei dem ***Ähnlichkeitsprinzip*** werden Muster aus ähnlichen Branchen auf das eigene Geschäftsmodell abgeleitet. Vorerst werden bestimmte Merkmale festgelegt, damit ähnliche Branchen identifiziert werden können. Anschließend werden aus diesen identifizierten Branchen 6-8 Geschäftsmodellmuster ausgewählt und auf das eigene Geschäftsmodell übertragen. Dabei werden für jedes einzelne Muster die Chancen und Risiken sowie deren Wirkung auf das eigene Geschäftsmodell analysiert. Werden beim ersten Durchgang keine zielführenden Ergebnisse erzielt, muss das Ganze noch einmal mit einer breiteren Auswahl an Kriterien und Mustern wiederholt werden.[96]

Das ***Konfrontationsprinzip*** ist darauf ausgelegt, das eigene Geschäftsmodell zielgerichtet mit Extremen zu konfrontieren. Dadurch sollen bestehende Denkmuster aufgebrochen und das eigene Innovationspotential voll ausgeschöpft werden. Zuerst erfolgt eine schnelle Auswahl von 6-8 Mustern, die grundlegende Unterschiede zur eigenen Branche aufweisen, um diese dann dem eigenen Geschäftsmodell gegenüberzustellen. Als wichtige Hilfestellung zur Denkanregung wird die Frage gestellt, „wie würde Firma XY unser Geschäft leiten und was würde es verändern?". Pro Muster sollten mehrere Ideen und Gedankengänge ausgearbeitet werden. Falls nach dem Prozess keine verwendbaren Ideen oder Impulse zur Inspiration entstanden sind, wiederholt man den Vorgang mit anderen Mustern.[97]

Detaillierungsebene:

Gassmann et al. bieten in ihrer Methodik eine abstrahierte, aber dennoch detaillierte Beschreibung des Geschäftsmodells anhand der vier Dimensionen. Allerdings ist der Umfang weniger komplex und kann einen geringeren Detaillierungsgrad vorweisen als der BMC. Dennoch bietet der BMN eine detaillierte Beschreibung der einzelnen Schritte innerhalb des Vorgehensmodells und der eingesetzten Techniken zur Entwicklung eines innovativen Geschäftsmodells. Dessen ungeachtet fehlt bei der Methodik von Gassmann et al. die tiefere Betrachtungsweise, da durch die allgemeine Gültigkeit sehr „oberflächlich" an die Entwicklung eines Geschäftsmodells herangegangen wird.

---

[96] Vgl. ebd., S. 35.

[97] Vgl. Gassmann, O./ Frankenberger, K./ Csik, M. (2013), S. 36-38.

Fokus / Hauptblickwinkel:

Nach Gassmann et al. ist das zentrale Element des Geschäftsmodells der Kunde. Hierbei liegt die Kernaufgabe darin, das Kundenproblem zu lösen und die Bedürfnisse der Kunden zu befriedigen. Aufbauend auf dem Kernelement, werden die anderen Dimensionen erarbeitet. Dies ist jedoch erst möglich, sobald ein Verständnis für den Wertschöpfungsprozess des Kunden aufgebaut wurde.[98] Generell legen die Autoren den Fokus, neben der Befriedigung der Kundenbedürfnisse, auf die schnelle Realisierung und das iterative Vorgehen mittels Prototypen. Die detaillierte und rechnerische Ausarbeitung von Businessplänen oder bestimmten Szenarien wird eher zweitrangig betrachtet. Treu nach dem Motto: „Gemachtes überholt Gedachtes".[99]

Einbindung von Geschäftsmodellumwelt und Strategie:

Gassmann et al. gehen im Rahmen der Imitierung durch eine Umfeldanalyse auf die Geschäftsmodellumwelt ein. Hierbei werden die relevanten Akteure des Geschäftsmodells untersucht, die sich in die drei Kategorien ***Kunden***, ***Partner*** und ***Wettbewerber*** gliedern. Neben der integrierten Sichtweise auf die Akteure werden die drei wichtigen Einflussfaktoren ***Technologien***, ***Trends*** und ***regulatorische Veränderungen*** mit in das Geschäftsmodell eingebunden. Auf eine nähere Beschreibung wird von Gassmann et al. verzichtet. Allerdings werden einige Beispiele anhand von Unternehmen dargestellt.[100]

Eine direkte Einbindung der Unternehmensstrategie in die Methode ist nicht vorhanden, dennoch gehen Gassmann et al. auf den Strategieprozess der Geschäftsmodellinnovation ein und empfehlen hierbei, möglichst frühzeitig die eigenen Mitarbeiter in den Prozess einzubinden und seitens der Geschäftsführung ein starkes Committment zu zeigen. Zudem ist es wichtig, eine langfristige Vision und smarte Ziele zu entwickeln, um eine strategische Stoßrichtung vorzugeben. In der strategischen Überlegung ist dennoch abzuwägen, zu welchem Zeitpunkt eine Zielsetzung festgelegt wird, da Freiraum in der frühen Phase der Entwicklung oft

---

[98] Vgl. www.haufe.de (Der St. Galler Business Model Navigator).

[99] Gassmann, O./ Frankenberger, K./ Csik, M. (2013), S. 54.

[100] Vgl. ebd., S. 24ff.

ein wichtiger Erfolgsfaktor für die erfolgreiche Umsetzung der Geschäftsmodellinnovation darstellt.[101]

Durch das Anwenden des BMN werden darüber hinaus die zwei Strategien *kreative Imitation* aus den 55 Mustern und die *Rekombination* der 55 Muster verfolgt.[102]

3.3 Gegenüberstellung der Methoden

Nachdem der BMC sowie der BMN umfassend anhand des Kriterienkatalogs vorgestellt wurden, findet im Folgenden ein Vergleich dieser beiden Methoden in schriftlicher und tabellarischer Form statt. Beide Methoden zeigen Gemeinsamkeiten und Unterschiede auf, die als Ergebnis dieses Vergleiches herausgearbeitet werden. Um diese Herausarbeitung zu vereinfachen, wurde eine tabellarische Übersicht in Tabelle 1 erstellt. Anschließend werden beide Methoden anhand der jeweiligen Kategorie schriftlich verglichen.

	Business Model Canvas (BMC)	**Business Model Navigator (BMN)**
Zielsetzung	Geschäftsmodellinnovation durch systematisches Vorgehen, Design und Visualisierung	Geschäftsmodellinnovation durch vereinfachte Darstellung und Entwicklung
Anwendungsgebiet	Generisch	Generisch
Ausgangsbasis + Herleitung	Bestehende Ansätze, Literatur, Fallbeispiele, Zusammenarbeit mit führenden Unternehmen	Bestehende Ansätze, Literatur, Fallbeispiele, Zusammenarbeit mit führenden Unternehmen + Triz-Methode
Metamodell	Hoher Detaillierungsgrad, komplexer, Beschreibung durch 9 Bausteine	Vereinfacht / kompakter, 4 Dimensionen, Wer-Was-Wie-Wert-Konstrukt

---

[101] Vgl. Granig, P./ Hartlieb, E./ Lingenhel, D. (2016), S. 134ff.

[102] Vgl. www.glassl-brandel.de (eine prozessorientierte Konstruktionsmethodik).

Vorgehensmodell	Mobilisieren->Verstehen->Design->Implementierung->Durchführung	Initiierung->Ideenfindung->Integration->Implementierung
Techniken + Tools	Design Thinking + strategische Instrumente	Rekombination und Adaption von Geschäftsmodellmustern
Detaillierungsebene	Hoher Komplexität- und Detaillierungsgrad bzgl. Geschäftsmodell, spezifische Betrachtung fehlt	Geringerer Detaillierungsgrad, leichter zu verstehen, sehr „oberflächlich"
Fokus / Hauptblickwinkel	Kundenebene und Bedürfnisse	Kundenebene und Bedürfnisse + schnelle Realisierung und Testen
Einbindung der Geschäftsmodellumwelt	Schlüsseltrends, Marktkräfte, Branchenkräfte, makroökonomische Umgebung	Akteure: Kunden, Partner, Wettbewerber; Einflussfaktoren: Technologien, Trends, regulatorische Veränderungen
Einbindung der Strategie	Keine Einbindung, nur Strategieprozess der Geschäftsmodellinnovation, Erfolgsfaktoren: MA mit einbeziehen, Committment der GF, langfristige Ziele	Keine Einbindung, nur strategische Instrumente (Umwelt-, SWOT-Analyse, Blue-Ocean-Strategie)

Tabelle 1 Tabellarischer Vergleich der beiden Methoden.

Zielsetzung:

Sowohl der BMC als auch der BMN verfolgen das Ziel der Entwicklung eines innovativen Geschäftsmodells. Daher unterscheidet sich die eigentliche Zielsetzung nur minimal voneinander. Dennoch konzentrieren sich Osterwalder und Pigneur bei der Erreichung dieses Ziels auf eine ganzheitliche Methode mit systematischem Vorgehen, die die Implementierung und die Anpassung an die Geschäftsmodellumwelt berücksichtigt. Gassmann et al. setzen hingegen auf eine vereinfachte Darstellung, um das Geschäftsmodell schnell zu verstehen, wobei der Fokus darin liegt, durch schnelles Durchbrechen der „Branchenlogik" das Ziel der Geschäftsmodellinnovation zu erreichen.

Anwendungsgebiet:

Es handelt sich bei beiden Methoden jeweils um einen generischen Ansatz. Sie sind daher keiner bestimmten Branche oder einem speziellen Bereich der Industrie zuzuordnen und haben somit einen universellen Charakter.

Ausgangsbasis und Herleitung:

Beide Ansätze sind funktional und strukturell ähnlich und weisen gewisse Ähnlichkeiten hinsichtlich der Ausgangsbasis und der Herleitung auf. Osterwalder et al. sowie Gassmann et al. verwendeten als Grundlage für die Entwicklung ihrer Methode bestehende Ansätze, Literatur und Fallbeispiele. Es wurde zudem eng mit führenden Unternehmen und Organisationen zusammengearbeitet, um praktische Erfahrungen zu integrieren. Einen Unterschied weist allerdings der BMN auf, da er sich bei der Herleitung an der TRIZ-Methode orientierte, was beim BMC nicht der Fall war.

Abschließend lässt sich jedoch feststellen, dass eine ähnliche Ausgangsbasis bzw. Vorgehensweise bei der Entwicklung der beiden Methoden vorliegt.

Metamodell:

Vorweg ist festzustellen, dass beide Methoden die Gemeinsamkeit haben, das Geschäftsmodell auf wenige Elemente zu reduzieren und deren Zusammenhänge untereinander darzustellen.

Im direkten Vergleich des BMC und des BMN fällt allerdings auf, dass die Methode von Gassmann et al. weniger detailliert und etwas kompakter als der BMC ist.

Dies ist vor allen Dingen darauf zurückzuführen, dass durch den geringeren Detaillierungsgrad manche Elemente im BMN inhaltlich zusammengefasst wurden oder Unterschiede in der Benennung vorhanden sind, obwohl die Komponenten inhaltlich übereinstimmen. Beispielsweise gehen Gassmann et al. nicht, wie im BMC, auf die Elemente *Schlüsselressourcen* und *Schlüsselaktivitäten* ein, sondern fassen die zwei Komponenten unter der Begrifflichkeit Wertschöpfungskette zusammen. Dies ist auch bei der *Kostenstruktur* und den *Einnahmequellen*, die im BMN als Ertragsmechanik definiert werden, sowie bei den *Kundensegmenten* und *Kundenbeziehungen*, die von Gassmann et al. als Kundendimension bezeichnet werden, zu beobachten.

Des Weiteren fällt auf, dass durch die geringere Detaillierung einzelne Elemente fehlen, die im BMC enthalten sind, wie beispielswiese die *Schlüsselpartner* oder die *Kanäle*. Dennoch liefert der Ansatz von Gassmann et al. einen wissenschaftlich fundierten Bezugsrahmen, um ein Geschäftsmodell strukturiert und ausführlich zu erfassen.[103]

Die Methode von Osterwalder et al. ist, wie schon vorweg erwähnt, dagegen etwas umfangreicher als die 4 Dimensionen von Gassmann et al. und kann einen höheren Komplexitäts- und Detaillierungsgrad vorweisen. Der Ansatz beschreibt ein Geschäftsmodell anhand von 9 Bausteinen, welche aus dem Kostenblock (Schlüsselpartnerschaften, Schlüsselaktivtäten, Schlüsselressourcen, Kostenstruktur) und dem Umsatzblock (Kundenbeziehungen, Kundesegmente, Kanäle, Einnahmequellen) sowie aus dem Werteangebot bestehen.

Vorgehensmodell:

Bei der Vorgehensweise teilen Osterwalder et al. den Gestaltungsprozess in die fünf Phasen Mobilisieren, Verstehen, Design, Implementierung und Durchführung ein, während Gassmann et al. ihre Vorgehensweise in die vier Schritte Initiierung, Ideenfindung, Integration und Implementierung gliedern.

Inhaltlich sind keine großen Unterschiede der Phasen zu erkennen, da sowohl der BMC als auch der BMN in ihrem Vorgehensmodell die Kernthemen Zusammensetzung eines bereichsübergreifenden Teams, Analyse des Geschäftsmodellumfeldes, Ideen sammeln und selektieren, einen Prototyp bauen, diesen Prototyp testen, bis die Marktreife erreicht ist, und die Implementierung behandeln.

Allerdings erörtern Osterwalder et al. in ihrem Ansatz nach der Implementierung noch die Phase der Durchführung. Es wird sich mit der fortlaufenden Anpassung und Steuerung des Geschäftsmodells nach Markteintritt auseinandergesetzt. Dies ist ein wichtiger Aspekt, der bei dem Vorgehensmodell von Gassmann et al. vollkommen fehlt.

Techniken und Tools:

Sowohl der BMC als auch der BMN führen beide eine Reihe von Techniken auf, um die Entwicklung des Geschäftsmodells zu unterstützen. Osterwalder et al. bedienen sich hierbei an den Methoden des Design Thinkings, die durch Anwendungs-

---

[103] Vgl. Seiter, M./ Grünert, L./ Berlin, S. (2017), S. 31.

orientierung, visuelles Arbeiten und Simulation charakterisiert sind. Zudem werden Techniken aus dem strategischen Management verwendet, wie beispielsweise die SWOT-Analyse oder das Blue-Ocean-Modell. Die Methoden des BMN beruhen hingegen auf der Erkenntnis, dass 90 Prozent aller Geschäftsmodellinnovationen aus der Rekombination von 55 Geschäftsmodellmustern besteht. Hierzu nutzen Gassmann et al. drei Basisstrategien (Übertragen, Kombinieren, Wiederholen) und die entwickelte Musteradaption nach dem Ähnlichkeits- und Konfrontationsprinzip.

Dementsprechend liegen bei den Techniken keine Gemeinsamkeiten, Ähnlichkeiten oder eine einheitliche Auffassung vor. Dennoch unterstützen die eingesetzten Techniken beider Methoden hinsichtlich der Generierung und Visualisierung von Ideen, fördern die Kreativität und tragen dazu bei, dass der Prozess der Geschäftsmodellinnovation gestalterisch und ideenreich verläuft.

Detaillierungsebene:

Wie schon vorweg durch den direkten Vergleich der Metamodelle erkannt wurde, weist der BMN bei der Beschreibung eines Geschäftsmodells und dessen Elementen einen geringeren Detaillierungs- und Komplexitätsgrad als der BMC auf.

Das Vorgehensmodell sowie die dabei eingesetzten Techniken werden bei beiden Methoden ausgiebig erläutertet, wobei der BMC noch mehr Techniken miteinbindet und das Vorgehensmodell um eine Phase (Durchführung) erweitert.

Allerdings fehlt bei beiden im Entwicklungsprozess die spezifische Betrachtung. Es ist durch den generischen Charakter schwierig, auf individuelle Herausforderungen und Rahmenbedingungen eines Unternehmens einzugehen. Das Vorgehensmodell dient hierbei nur als Ausgangspunkt, von dem aus ein Unternehmen die individuellen Schritte gestalten muss, und es wird nicht erläutert, wie Veränderungen die weiteren Phasen beeinflussen.

Des Weiteren sind bei beiden Ansätzen die Techniken losgelöst von den einzelnen Phasen des Vorgehensmodells, und es werden nur gelegentlich Verbindungen aufgezeigt. Eine direkte Vorgabe, wann und in welcher Phase die Techniken eingesetzt werden sollen, ist nicht vorhanden.

Fokus / Hauptblickwinkel:

Der Fokus der beiden Ansätze unterscheidet sich nur minimal. Beide betrachten den Kunden als zentrales Element des Geschäftsmodells und sehen ihn als Basis für die weitere Entwicklung an. Ebenfalls als wichtigen Bestandteil sehen Gassmann et al. sowie Osterwalder et al. die Befriedigung der Kundenbedürfnisse, die für die weitere Entwicklung des Geschäftsmodells von essentieller Bedeutung sind.

Gassmann et al. betonen hierbei noch, dass sich neben der Befriedigung der Kundenbedürfnisse auf die schnelle Realisierung und das iterative Vorgehen mittels Prototypen im Geschäftsmodellentwicklungsprozess konzentriert werden sollte.

Einbindung der Geschäftsmodellumwelt:

Der BMC und der BMN binden beide die Geschäftsmodellumwelt mit in den Entwicklungsprozess ein. Osterwalder und Pigneur gliedern die Geschäftsmodellumwelt in die überbegrifflichen Analysebereiche Schlüsseltrends, Marktkräfte, Branchenkräfte und makroökonomische Umgebung. Gassmann et al. binden die Geschäftsmodellumwelt im Rahmen der Umfeldanalyse mit in den Entwicklungsprozess ein und unterteilen diese in die relevanten Akteure (Kunden, Partner und Wettbewerber) und in die wichtigsten Einflussfaktoren (Technologie, Trends, regulatorische Veränderungen). Gassmann et al. gehen auf die Unterkategorien nicht weiter ein.

Im Vergleich wird deutlich, dass Osterwalder und Pigneur das Umfeld detaillierter und genauer mit in die Entwicklung einbinden, da sie beispielsweise nicht, wie im BMN, nur die Wettbewerber betrachten, sondern beispielsweise unter dem Begriff Branchenkräfte zusätzlich auch auf Substitutionsprodukte, Stakeholder und Lieferanten sowie andere Teilnehmer der Wertschöpfung eingehen.

Einbindung der Strategie:

Der Vergleich der beiden Ansätze zeigt, dass bei beiden Ansätzen keine direkte Einbindung einer Unternehmensstrategie vorhanden ist.

Während sich Osterwalder und Pigneur ausschließlich an strategischen Instrumenten bedienen und dabei die Unternehmensstrategie außer Acht lassen, gehen Gassmann et al. lediglich auf den strategischen Prozess der Geschäftsmodellinnovation ein.

Hierbei sehen Gassmann et al. das frühzeitige Einbeziehen von Mitarbeitern, das Committment der Führungskräfte und das Setzen von langfristigen smarten Zielen und Visionen als wichtigste Erfolgsfaktoren für den strategischen Prozess der Geschäftsmodellinnovation an. Eine solche Betrachtungsweise ist bei Osterwalder und Pigneur nicht vorhanden. Dennoch fehlt bei beiden Methoden eine konkrete

Erläuterung und Einbindung der Strategie und eine Beschreibung, wie diese im Detail erfolgen soll.

3.4 Zusammenfassung und Interpretation der Ergebnisse

Zusammenfassend ist festzustellen, dass die vorgestellten Methoden eine Vielzahl von Gemeinsamkeiten und einige Unterschiede aufweisen. Beide Ansätze befassen sich mit der Thematik der Geschäftsmodellinnovation und gehören zu den aktuell bekanntesten Methoden im Bereich der Geschäftsmodellentwicklung. Daher unterscheiden sie sich in der eigentlichen Zielsetzung nur minimal voneinander. Ferner lässt sich feststellen, dass die Methoden innerhalb der Herleitung, des Vorgehensmodells und des Fokus' große Gemeinsamkeiten aufweisen.

Des Weiteren hat sich gezeigt, dass es klare Unterschiede hinsichtlich des Verständnisses der einzelnen Elemente eines Geschäftsmodells gibt. Beide Methoden versuchen, das Geschäftsmodell auf wenige Elemente zu reduzieren. Jedoch liegen hier klare Unterschiede innerhalb des Detaillierungsgrades vor.

Der BMN ist weniger detailliert und kompakter und eignet sich dadurch sehr gut als Einstieg in das Thema Geschäftsmodellinnovation. Der Ansatz bietet eine gewisse Distanz, sodass sich die beteiligten Personen nicht zu sehr in der Detaillierung verlieren, sondern „Freiraum für Kreativität" haben.

Für eine tiefere Betrachtung und Ausarbeitung des Geschäftsmodells eignet sich der BMC jedoch besser. Er ist etwas umfassender als das magische Dreieck des BMN und erlaubt durch seine neun Bausteine einen höheren Detaillierungsgrad. Allerdings erhöhen sich somit auch die Anforderungen an alle beteiligten Personen, da sie abstrakter und komplexer denken müssen, was wiederrum die Kreativität und den Ideenreichtum einschränken kann. Ungeachtet dessen liegt die Stärke des BMC klar in der Detaillierung und Visualisierung eines Geschäftsmodells.

Dennoch leisten sowohl das magische Dreieck als auch die neun Bausteine einen guten Ansatz für die Ideengenerierung und brechen das komplexe Geschäftsmodell auf eine leicht zu verstehende und logische Ebene herunter, auf der das ganze Team, welches am Innovationsprozess beteiligt ist, zielgerichtet arbeiten kann.

Eine weitere Gemeinsamkeit und zugleich ein Vorteil ist die breite Anwendbarkeit durch den generischen Charakter beider Methoden. Sie lassen sich universell und innerhalb unterschiedlicher Rahmenbedingungen anwenden. Jedoch ist dies auch die größte Problematik, da der Gestaltungs- und Entwicklungsprozess eines jeden

Unternehmens individuell ist. Zudem ist der generische Ansatz nicht bei jeder Vorgehensweise von Vorteil und muss an die einzelnen Unternehmen angepasst werden. Allerdings fehlt hierbei die genaue Konkretisierung. Des Weiteren ist im gesamten Prozess nicht genau erkennbar, wann welche Kreativitätstechniken eingesetzt werden und welche Personen in welcher Prozessphase bestimmte Schlüsselpositionen einnehmen oder welche Rolle sie generell spielen. Weiterhin fehlt auch eine genaue Einbindung einer Strategie in die beiden Methoden.

Dessen ungeachtet bieten beide Methoden eine gemeinsame Sprache im Entwicklungsprozess eines innovativen Geschäftsmodells, die die Teamarbeit im gestalterischen Bereich erleichtert und die verhindert, dass die Teilnehmer aneinander vorbeireden.

So können viele verschiedene Teilnehmer mit unterschiedlichem Know-how von der Idee bis zu einem innovativen Geschäftsmodell in einen Gestaltungsprozess integriert werden.

4 Empirische Untersuchung der Geschäftsmodellentwicklung

4.1 Methodenauswahl

Für die Datenerhebung der empirischen Untersuchung wurde die Methode der Experteninterviews ausgewählt. Diese haben den Vorteil, dass der Forscher Teil der Interaktion ist und somit aktiv mitgestalten kann. Des Weiteren charakterisiert sich dieses Instrument durch eine hohe Flexibilität und die befragte Person hat bezüglich der gegebenen Antworten einen gewissen Spielraum.[104] Dadurch eignen sich die Experteninterviews sehr gut, um wichtige Informationen aus dem Bereich der Geschäftsmodellentwicklung und der Ideengenerierung in Form von Spezialwissen zu erschließen. Mit standardisierten Interviews oder durch eine Umfrage wäre diese Form der Informationsgewinnung nicht möglich gewesen.

4.2 Auswahl der Interviewpartner

In der Literatur werden Experten üblicherweise als Sachverständige, Spezialisten oder Kenner charakterisiert, die über ein bestimmtes Spezialwissen in einem ausgewählten Bereich verfügen.[105] In dieser vorliegenden Untersuchung wurden deshalb Personen ausgewählt, die sich analytisch und konzeptionell mit dem Thema der Geschäftsmodellentwicklung sowie mit der Gründung auseinandergesetzt haben. Die jeweils befragten Experten haben die Gründung eines oder mehrerer Unternehmen durchlebt und das Geschäftsmodell aktiv mitgestaltet. Aufgrund dieser Kenntnisse und Erfahrungen wurden die Experten ausgewählt und die Thematik ausreichend beleuchtet.

4.3 Ergebnisse der Experteninterviews

Die Darstellung der Ergebnisse aus der Befragung der Experten erfolgt sortiert nach festgelegten Themenschwerpunkten. Zunächst wird auf die Ideenentstehung und anschließend auf die generelle Vorgehensweise in der Praxis eingegangen. Dazu wurden die Interviews erst transkribiert, paraphrasiert und anschließend

---

[104] Vgl. Bogner, A./ Littig, B./ Menz, W. (2002), S. 17ff.
[105] Vgl. Bogner, A./ Littig, B./ Menz, W. (2014), S. 9ff.

thematisch geordnet. Im Anschluss wurden die Textpassagen der verschiedenen Interviews verglichen.[106]

4.3.1 Ideenentstehung

Die Ergebnisse der Gespräche mit den Experten haben ergeben, dass unterschiedliche Auffassungen und Vorgehensweisen bei der Ideenfindung in der Praxis vorliegen.

Im Interview mit Herr XXX hat sich herausgestellt, dass das eigentliche Leitmotiv aus einer „verpassten Chance" heraus entstanden ist. Dies nutzen die Gründer als Anregung für die erste Grundidee ihres späteren Geschäftsmodells. Es wurde bei der Ideenfindung viel zusammengesessen und sich ausgetauscht. Durch die Reaktion des Marktes hat sich die Idee einer App schnell zu einem kompletten Geschäftsmodell entwickelt.[107]

Im Rahmen des Interviews mit Herr XXX ist hingegen zu erfassen, dass die Grundidee des Geschäftsmodells durch eine fehlende Problemlösung am Sanierungsmarkt entstanden ist. Durch die eigene Recherche konnte festgestellt werden, dass ein bestimmtes Leistungsangebot am Markt nicht vorhanden ist. Diese Lücke wollten die Gründer schließen und entwickelten aus dieser Erkenntnis heraus ihr Geschäftsmodell.[108]

Darüber hinaus sind klare Unterschiede in der Ausarbeitung der Idee zu erkennen. Im Rahmen der Ideengenerierung wurde bei XXX ein ausgearbeitetes Konzept bzw. ein Businessplan angefertigt,[109] während bei XXX die Idee sehr marktgetrieben ohne wirkliches Konzept entstand.[110]

Ähnlichkeiten lassen sich hingegen bei dem Einfluss des Umfeldes bzw. des Marktes auf die Ideenentwicklung feststellen. Die befragten Experten geben an, sich an schon vorhandenen Geschäftsmodellen oder Unternehmen im selben Tätigkeitsbereich orientiert zu haben. Durch Markt- und Konkurrenzanalysen konnten Stärken adaptiert und Schwachstellen verbessert werden.[111] Weitere Gemeinsam-

---

[106] Vgl. Meuser, M./ Nagel, U. (1991), S. 451ff.

[107] Vgl. hierzu vertiefend u. a. Anhang 2: Frage 1; 2.

[108] Vgl. hierzu vertiefend u. a. Anhang 1: Frage 2.

[109] Vgl. hierzu vertiefend u. a. Anhang 1: Frage 1.

[110] Vgl. hierzu vertiefend u. a. Anhang 2: Frage 1; 4.

[111] Vgl. hierzu vertiefend u. a. Anhang 1: Frage 1; 3; Anhang 2: Frage 3.

keiten lassen sich im Rahmen der Ideenfindung anhand der Größe des Gründerteams festmachen. Dieses bestand immer aus zwei oder mehr Personen, die am Prozess beteiligt waren.

4.3.2 Vorgehensweise

Anhand der Interviews kann festgestellt werden, dass die Vorgehensweise in der Praxis einen geringen bis gar keinen methodischen Charakter hat. Dies ist darauf zurückzuführen, dass sich das Geschäftsmodell, insbesondere bei Jungunternehmen, sehr nah am Markt entwickelt und deswegen sehr individuell vorgegangen wird.[112] Dessen ungeachtet lässt sich bei den befragten Unternehmen ein stark ähnelnder Prozess in der Geschäftsmodellentwicklung erkennen.

Durch das Gespräch mit Herr XXX konnte festgestellt werden, dass die Entwicklung des Geschäftsmodells in der Praxis oft sehr stark marktgetrieben durchgeführt wird. Der Kern des eigentlichen Geschäftsmodells war bei XXX zunächst ein Berechnungstool. Durch Testen am Markt konnte jedoch schnell festgestellt werden, dass das bisherige Geschäftsmodell und der dazugehörige Kern am Markt nicht funktionierten. Durch Marktreaktionen und das Einholen von Feedback sowie iteratives Vorgehen wurde das Geschäftsmodell immer wieder angepasst und verändert.[113]

Ähnliche Beobachtungen lassen sich im Interview mit Herr XXX erkennen. Durch Kundenreaktionen auf die eigens entwickelte App entstand erst das heutige Geschäftsmodell der Mobilemarketingplattform. Dementsprechend wurde das Geschäftsmodell auch sehr stark marktgetrieben entwickelt. Durch iteratives Vorgehen wurde immer wieder analysiert, wie das Geschäftsmodell vom Markt angenommen wird, und es wurden, wenn nötig, Anpassungen vorgenommen. Der gesamte Entwicklungsprozess war sehr nah am Markt und am Kunden orientiert.[114]

Herr XXX fasst diesen Entwicklungsprozess mit den Worten zusammen: „Du hältst dich eigentlich nicht wirklich an das Konzept, weil du immer guckst, was der Markt verlangt. Es ist nicht immer vorhersehbar, ob das, was du entwickelt hast, überhaupt am Markt funktioniert."[115]

---

[112] Vgl. hierzu vertiefend u. a. Anhang 2: Frage 5.

[113] Vgl. hierzu vertiefend u. a. Anhang 1: Frage 3; 6.

[114] Vgl. hierzu vertiefend u. a. Anhang 2: Frage 1; 4; 5.

[115] Hierzu vertiefend u. a. Anhang 2: Frage 5.

Darüber hinaus ist festzustellen, dass die vorher vorgestellten Methoden (BMC, BMN) den befragten Personen bisher unbekannt sind und keinen Einfluss auf den Entwicklungsprozess hatten.[116] Demnach wurden keine bestimmten Kreativitätstechniken der beiden Methoden verwendet. Abseits dessen sind Gemeinsamkeiten in der Praxis bei dem Verwenden bestimmter Verfahren zu erkennen. Der Entwicklungsprozess beider Unternehmen war stark von regelmäßigem Zusammensitzen geprägt, wobei immer wieder Brainstorming, Marktbeobachtungen und strategische Überlegungen über die nächsten Schritte zu dem wesentlichen Prozess gehörten. Zusätzlich wurde sich bei der Entwicklung regelmäßig versucht, in den Kunden hineinzuversetzen, um das eigene Geschäftsmodell auf dessen Bedürfnisse anzupassen. Die Tools, die dafür verwendet wurden waren z. B. Customer-Life-Journeys oder Folien zur Visualisierung.[117]

4.4 Schlussbetrachtung der Ergebnisse

Nachdem im theoretischen Teil der vorliegenden Arbeit die beiden Methoden zur Entwicklung eines innovativen Geschäftsmodells verglichen wurden, um festzustellen, welche Gemeinsamkeiten und Unterschiede der BMC und der BMN aufweisen, wurde im Anschluss eine empirische Untersuchung durchgeführt. Auf Basis der dabei erzielten Ergebnisse erfolgt in diesem Teilabschnitt eine abschließende Betrachtung, um festzustellen, inwieweit Zusammenhänge zwischen der Methodik und der Praxis vorliegen.

Durch die Befragung der Experten konnte abschließend festgestellt werden, dass sich die theoretischen Methoden für die Geschäftsmodellentwicklung in der Praxis bisher nicht durchgesetzt haben. Dies ist vor allen Dingen den individuellen Rahmenbedingungen und der wandelnden Marktnachfrage geschuldet. Es konnte hingegen eindeutig beobachtet werden, dass die Ausarbeitung und Entwicklung des Geschäftsmodells sehr marktgetrieben und nah an den Bedürfnissen der Kunden stattfindet. Die Experten sehen daher die Flexibilität als einen der wichtigsten Erfolgsfaktoren an.

Trotz der fehlenden methodischen Vorgehensweise lassen sich dennoch einige Gemeinsamkeiten zwischen den vorgestellten Methoden und der Herangehensweise in der Praxis erkennen. Insbesondere in der frühen Phase der Ideenfindung

---

[116] Vgl. hierzu vertiefend u. a. Anhang 1: Frage 5; Anhang 2: Frage 5.
[117] Vgl. hierzu vertiefend u. a. Anhang 1: Frage 5; 6; Anhang 2: Frage 1; 6.

und Entstehung können Gemeinsamkeiten zwischen dem BMN und der Vorgehensweise in der Praxis festgemacht werden. Demnach wird sich in den ersten beiden Phasen der Initiierung und der Ideenfindung im BMN am Umfeld mittels Markt- und Konkurrenzanalysen orientiert, um anschließend bestimmte Geschäftsmodellmuster zu adaptieren. Ähnliches ist in der Praxis auch zu erkennen. Durch Analyse der Konkurrenz werden bestimmte Muster kopiert und mit den eigenen Ideen kombiniert. Dadurch können die Schwachstellen der vorhandenen Wettbewerber innerhalb des eigenen Geschäftsmodells verbessert und Marktvorteile gegenüber der bestehenden Konkurrenz erzielt werden.

Weitere Ähnlichkeiten lassen sich anhand des 3-Phasen-Zyklus' innerhalb des BMN erkennen. Gassmann et al. setzen hierbei auf das regelmäßige Einholen von Feedback, um den Geschäftsmodellprototypen immer wieder zu optimieren und zu verbessern, bis die gewünschte Marktreife erreicht ist. Ein ähnliches Vorgehen findet sich auch in der Praxis wieder. Die Experten betonen dabei das iterative Vorgehen innerhalb des Prozesses, wodurch anhand von Marktreaktionen das Geschäftsmodell immer wieder optimiert wird. Allerdings wird in der Praxis hingegen meistens das bereits schon implementierte Geschäftsmodell optimiert und kein Prototyp.

Ähnliche Aspekte bzgl. der Geschäftsmodellentwicklung lassen sich ebenso zwischen den Ergebnissen der empirischen Untersuchung und denen des BMC erkennen, wobei der Fokus der Analyse der Geschäftsmodellumgebung innerhalb des BMC nicht zur Adaption von bestimmten Mustern dient, sondern eher dafür, ein allgemeines Verständnis für diese Umgebung aufzubauen.

Dennoch sind auch hier Ähnlichkeiten bzgl. der eingesetzten Techniken erkennbar. In der Praxis wurde versucht, sich im Entwicklungsprozess regelmäßig in den Kunden hineinzuversetzen, um ein tiefgründiges Verständnis für diesen aufzubauen und seine Bedürfnisse zu erkennen. Hilfsmittel waren dabei Customer Life Journeys oder visuelle Folien. Demnach finden sich hier ganz klare Teile der Kreativitätstechniken des BMC, wie beispielsweise Customer Insights, Empathiekarten oder das visuelle Denken, wieder.

Um die abschließende Frage zu beantworten, ob Unternehmen in der Praxis bei der Geschäftsmodellentwicklung ähnlich wie in der vorher erarbeiteten Theorie vorgehen, ist festzustellen, dass sich die Vorgehensweise teilweise ähnelt und bestimmte Aspekte in der Praxis vergleichbar angewandt werden, jedoch keine eindeutige Systematik zu erkennen und eine explizite Einordnung nur beschränkt möglich ist. Dies ist insbesondere auf die marktorientierte bzw. marktgetriebene Entwicklung und den geringen methodischen Charakter zurückzuführen.

5 Abschließende Würdigung und Fazit

Die Geschäftsmodellentwicklung gehört für Unternehmen zu den elementaren Bestandteilen und wird auch zukünftig durch die fortlaufende Digitalisierung von essentieller Bedeutung sein. Zugleich gehört das Innovieren des eigenen Geschäftsmodells heute zu den Kernvoraussetzungen, um sich von Mitbewerben abzuheben und die langfristige Wettbewerbsfähigkeit zu sichern.

Allerdings ist es ein langwieriger und sehr zeitintensiver Prozess, der viele Herausforderungen mit sich bringt. Dementsprechend bieten die zwei untersuchten Methoden eine strukturierte und systematische Vorgehensweise für diesen Prozess.

Der BMN hat hierbei seine Stärken in der einfachen Gestaltung und Vorgehensweise, während der BMC klare Stärken in der Visualisierung und Detaillierung vorweisen kann. Dennoch bieten beide Methoden eine gemeinsame Basis, die optimale Grundvoraussetzungen für die Kommunikation und das gemeinsame Verständnis schafft.

Grundsätzlich zeigt sich durch die vorliegende Untersuchung jedoch, dass die vorgestellten Methodiken bis dato sehr wenig Anklang in der Praxis gefunden haben und nur vereinzelt praktische Anwendung finden.

Abschließend lässt sich konstatieren, dass es insbesondere im Entwicklungsprozess des Geschäftsmodells trivial ist, welche Methode verwendet und wie methodisch vorgegangen wird. Als entscheidende Erfolgsfaktoren konnten hingegen die Flexibilität und das iterative Vorgehen identifiziert werden.

Daher wird empfohlen, sukzessiv durch eine wiederholende Vorgehensweise und schnelles Testen am Markt das eigene Geschäftsmodell immer wieder anzupassen. Das kontinuierliche Testen und das Einholen von Feedback bilden hierbei die entscheidende Grundlage, um das eigene Geschäftsmodell erfolgreich zu entwickeln und zu innovieren.

Um ein noch genaueres Bild darüber zu erhalten, wie in der Praxis bei der Geschäftsmodellentwicklung vorgegangen wird, und aufgrund der Tatsache, dass die im Rahmen dieser Arbeit durchgeführten Befragungen der Experten einen sehr kleinen Ausschnitt darstellen, macht es Sinn, weitere Experteninterviews durchzuführen.

Da sich in dieser vorliegenden Arbeit insbesondere auf Start-ups konzentriert wurde, würde eine umfangreiche und branchenübergreifende empirische Untersuchung bzw. Befragung, die weitere Start-ups, Großunternehmen, Mittelständler und andere Unternehmen enthält, weitere wichtige Erkenntnisse und viele qualitativ sehr wertvolle Informationen bezüglich der Thematik der Geschäftsmodellentwicklung in der Praxis liefern.

Quellenverzeichnis:

a) Literaturquellen:

Ahrend, Klaus-Michael (2016): Geschäftsmodell Nachhaltigkeit: Ökologische und soziale Innovationen als unternehmerische Chance. Springer-Verlag

Amit, Raphael / Zott, Christoph (2001): Value creation in E – business. Strategic Management Journal

Becker, Wolfgang (2011): Geschäftsmodelle im Mittelstand. Bamberg: Deloitte.Mittelstandsinstitut an der Universität Bamberg

Becker, Wolfgang / Ulrich, Patrick (2013): Geschäftsmodell im Mittelstand. W. Kohlhammer Gmbh

Bieger, Thomas / Reinhold, Stephan (2011): Ansatz der Geschäftsmodell-Umwelt. In: Bieger, Thomas / Knyphausen-Aufseß, Dodo / Krys, Christian (Hrsg.): Das wertbasierte Geschäftsmodell – Ein aktualisierter Strukturierungsansatz. Berlin: Springer Verlag. S.32

Bogner, Alexander/ Littig, Beate / Menz, Wolfgang (2002): Die (fehlende) Debatte um eine Methodik des Experteninterviews. In: Bogner, Alexander/ Littig, Beate / Menz, Wolfgang (Hrsg.): Das Experteninterview: Theorie, Methode, Anwendung. 2 Aufl. Wiesbaden: VS Verlag für Sozialwissenschaften, S.17ff.

Bogner, Alexander/ Littig, Beate / Menz, Wolfgang (2014): Interviews mit Experten: Eine praxisorientierte Einführung. Wiesbaden: VS Verlag für Sozialwissenschaften

Doleski, Oliver (2014): Integriertes Geschäftsmodell Anwendung des St. Galler Management-Konzepts im Geschäftsmodellkontext. Wiesbaden: Springer Verlag

Fink, Alexander / Siebe, Andreas (2016): Szenario-Management: Von strategischem Vorausdenken zu zukunftsrobusten Entscheidungen. Campus Verlag

Gassmann, Oliver / Frankenberger, Karolin / Csik, Michael (2013): Geschäftsmodelle entwickeln: 55 innovative Konzepte mit dem St. Galler Business Model Navigator. St. Gallen: Carl Hanser Verlag

Gassmann, Oliver / Sutter, Philipp (2016): Digitale Transformation im Unternehmen gestalten: Geschäftsmodelle Erfolgsfaktoren Fallstudien. Carl Hanser Verlag

Gleich, Ronald / Schimank, Christof (2015): Innovationscontrolling: Innovationen effektiv steuern und effizient umsetzen. Haufe-Lexware

Gerstbach, Ingrid (2017): 77 Tools für Design Thinker: Insider-Tipps aus der Design-Thinking-Praxis. GABAL Verlag GmbH

Granig, Peter/ Hartlieb, Erich/ Lingenhel, Doris (2016): Geschäftsmodellinnovation im Gesundheitswesen. In: Granig, Peter/ Hartlieb, Erich/ Lingenhel, Doris (Hrsg.): Geschäftsmodellinnovation: Vom Trend zum Geschäftsmodell. Wiesbaden: Springer Gabler Verlag S. 134ff.

Hess, Thomas / Brecht, Leo (1995): State of the Art des Business Process Redesign; Darstellung und Vergleich bestehender Methoden. Wiesbaden: Springer Verlag.

Klein, Andreas (2013): Business Development Controlling. Haufe-Lexware Verlag

Kreutzer, Ralf T. / Neugebauer, Tim / Pattloch, Annette (2016): Digital Business Leadership: Digitale Transformation – Geschäftsmodell-Innovation – agile Organisation – Change-Management. Springer-Verlag, 2016

Leimeister, Jan Marco / Krcmar, Helmut / Möslein, Kathrin / Ohly, Sandra (2016): Innovieren im demografischen Wandel: Methoden und Konzepte für ein modernes Innovationsmanagement. Springer Verlag

Matzler, Kurt / Bailom, Franz / Friedrich von den Eichen, Stephan (2016): Digital Disruption: Wie Sie Ihr Unternehmen auf das digitale Zeitalter vorbereiten. München: Franz Vahlen Verlag

Meuser, Michael / Nagel, Ulrike (1991): ExpertInneninterviews - vielfach erprobt, wenig bedacht: ein Beitrag zur qualitativen Methodendiskussion. In: Garz, Detlef / Kraimer, Klaus (Hrsg.): Qualitativ-empirische Sozialforschung: Konzepte, Methoden, Analysen. Opladen: Westdeutscher Verlag

Stähler, Patrick (2001): Geschäftsmodelle in der digitalen Ökonomie. 2 Aufl. Köln: Josef Eul Verlag

Osterwalder, A. (2004): The Business Model Ontology: A Proposition In A Design Science Approach. Dissertation, Universität Lausanne

Osterwalder, Alexander / Pigneur, Yves (2010): Business Model Generation - Ein Handbuch für Visionäre, Spielveränderer und Herausforderer. Frankfurt: Campus Verlag

Osterwalder, Alexander / Pigneur, Yves /Tucci, Christopher (2005): Clarifying business models: Origins, present and future of the concept. Communications of AIS

Riekhof, Hans-Christian (2010): Customer Insights: Wissen wie der Kunde tickt: Mehr Erfolg durch Markt – Wirkungsmodelle. Wiesbaden: Springer Gabler Verlag

Schallmo, Daniel (2013): Geschäftsmodell-Innovation Grundlagen, bestehende Ansätze, methodisches Vorgehen und B2B-Geschäftsmodelle. Wiesbaden: Springer Verlag

Schallmo, Daniel (2013): Geschäftsmodelle erfolgreich entwickeln und implementieren. Wiesbaden: Springer Gabler Verlag

Schallmo, Daniel (2014): Kompendium Geschäftsmodell-Innovation Grundlagen, aktuelle Ansätze und Fallbeispiele zur erfolgreichen Geschäftsmodell-Innovation. Wiesbaden: Springer Verlag

Schallmo, Daniel (2015): Bestehende Ansätze zu Business Model Innovationen Analyse und Vergleich der Geschäftsmodelle. Wiesbaden: Springer Verlag

Seiter, Mischa / Grünert, Lars / Berlin, Sebastian (2017): Betriebswirtschaftliche Aspekte von Industrie 4.0. Springer-Verlag

Selhofer, Hannes / Wieden-Bischof, Diana / Hornung-Prähauser, Veronika (2016): Geschäftsmodelle für AAL-Lösungen entwickeln: durch systematische Einbeziehung der Anspruchsgruppen. BoD – Books on Demand

Simmert, B./ Ebel, P./ Bretschneider, U. (2014): Empirische Erkenntnisse zur Nutzung des Business Model Canvas. In: Working Paper Series, Nr. 5. Kassel

Sternsberger, Martin (2014): Schlüsselfaktoren für den erfolgreichen Markteintritt von digitalen Start-ups. BoD – Books on Demand

Wirtz, Bernd (2010): Business Model Management Design – Instrumente – Erfolgsfaktoren von Geschäftsmodellen. 3 Aufl. Springer Gabler Verlag

Zollenkoop, Michael (2006): Geschäftsmodellinnovation: Initiierung eines systematischen Innovationsmanagements für Geschäftsmodelle auf Basis lebenszyklusorientierter Frühaufklärung. 1 Aufl. Wiesbaden: Deutscher Universitätsverlag

Zolnowski, Andreas (2015): Instrument Business Model Canvas. RKW Kompetenzzentrum Universität Hamburg

b) Internetquellen:

www.darmstadt.ihk.de (Generisches Vorgehensmodell)

https://www.darmstadt.ihk.de/blob/daihk24/produktmarken/Beraten-und-informie-ren/innovation/downloads/3344884/7fe3af982b9147b216d9da67db0a1b34/Pilotprojekt-CypIFlex-data.pdf Abrufdatum: 05.09.2017

www.dirkkirchner.com (Business Model Canvas)

http://www.dirkkirchner.com/business-model-canvas/, Abrufdatum: 20.08.2017

www.glassl-brandel.de (Eine prozessorientierte Konstruktionsmethodik)

https://www.glassl-brandel.de/blog/135-st-galler-business-model-navigator-fuer-neue-geschaeftsmodelle.html, Abrufdatum: 23.09.2017

www.glassl-brandel.de (magisches Dreieck vs. Business Model Canvas)

https://www.glassl-brandel.de/blog/134-magisches-dreieck-vs-business-model-canvas.html, Abrufdatum: 15.09.2017

www.haufe.de (Der St. Galler Business Model Navigator)

https://www.haufe.de/finance/finance-office-professional/geschaeftsmodelle-radikal-innovieren-der-st-galler-business-model-navigator_idesk_PI11525_HI7506821.html, Abrufdatum: 21.09.2017

www.provinz.bz.it (Planung und Design)

http://www.provinz.bz.it/bildungsfoerderung/downloads/BMG3-Design-ted.pdf, Abrufdatum: 02.09.2017

www.selectcarleasing.co.uk (uber-the-definitive-fact-file)

https://www.selectcarleasing.co.uk/news/uber-the-definitive-fact-file.html, Abrufdatum: 16.08.2017

www.andrewehr.com (Empahtiekarte)

http://andrewehr.com/was-kunden-wollen/, Abrufdatum: 26.08.2017

c) Unternehmensquellen / Gesprächsnotizen

Herr XXX (2017): Experteninterview mit Herr XXX, Geschäftsführer von der
Firma XXX, geführt am 04.10.2017

Herr XXX (2017): Experteninterview mit Herr XXX, Geschäftsführer von der
Firma XXX, geführt am 06.10.2017

Anhang

Anhang 1

Experteninterview mit Herr XXX, geführt am 04.10.2017

Transkribiertes interview

Name des Interviewten: Herr XXX

Beruf: Geschäftsführer von XXX

Frage 1: Wie ist die Idee eures Geschäftsmodells entstanden?

Zur richtigen wirklichen Ideenfindung kann ich dir nicht wirklich viel sagen, da die eigentliche Initialidee von Herr XXX und Herr XXX erarbeitet wurde. Im Endeffekt war jedoch die Idee und die Findung dahinter, dass man sich den Markt der Sanierung angeschaut hat. Nicht genau den Handwerkermarkt, sondern wie sanieren Leute ihr Gebäude. Dort haben wir uns primär am Ausland orientiert. Also an Geschäftsmodellen die in der Richtung schon im Ausland vorhanden waren. Wir haben uns dabei größere Portale in Amerika und Frankreich angeschaut, die das Thema Energieeffizienz allgemein behandelten und analysiert, wie diese Portale das Thema angegangen sind. Wir hatten nach einer Analyse auf dem deutschen Markt für uns erkannt, dass es ein solches Portal in Deutschland nicht gibt. Diese Erkenntnis hat uns sehr stark in der Ideenfindung weitergebracht. Zumal es Portale in anderen Ländern gibt, die das Thema der Energieeffizienz aufgreifen und den Endkunden alles aus einer Hand bieten. Daraus haben wir dann unsere Lösung für den deutschen Markt konzipiert. Aus diesem Prozess ist dann ein Papier entstanden. Man kann es groben Businessplan oder Konzept nennen, wo wir in ca. 20-30 Seiten erfassten, was ein Portal können sollte und was unser genaues Ziel war. Zudem war das Konzept dafür gedacht sich bei dem Exist Gründerstipendium von der Uni zu bewerben, was allerdings leider nicht angenommen wurde. Aber das war das eigentliche Ziel und die Grundlage auf dem das Papier geschrieben wurde. Kern dieses Papier war im Endeffekt ein Berechnungstool namens Energiecheck, welches wir online stellen wollten. Durch die Recherche und Analyse der Portale aus dem Ausland ist uns aufgefallen, dass diese sehr viele Daten online vom Endkunden abfragten. Das wollten wir auch mit dem Energiecheck umsetzen, um den Kunden quasi online einzufangen. Also dem Kunden online alle Daten eintragen zu lassen und auch bestimmte Sanierungen vorzuschlagen, zu berechnen und im Idealfall die Sanierung auch online zu bestätigen und zu beauftragen. Das war der Grundgedanke hinter der Idee und so ist das Konzept-papier entstanden. Der Kern war dabei sozusagen schon sehr „physikalisch", da wir online beschrieben haben wie der Wärmeverbrauch eines Hauses oder der Wärmeverlust von Gebäudeteilen berechnet wird. Daraus ist das ein großer Algo-rithmus entstanden. Wir haben dann auf Basis der EnEV und bestimmten DIN-Normen einen Energiecheck entwickelt, welcher den Hauptkern des Portals dar-stellte. Wir wollten im Endeffekt ein großes Energieportal auf die Beine stellen.

Frage 2: Ich habe mich mit der Gründung von XXX auseinandergesetzt und im In-ternet gelesen, dass einer von euch beiden damals im Internet recherchiert hatte bzgl. Sanierung, da das Haus der Eltern saniert werden sollte. Daraufhin wurde kein gutes Angebot online im deutschen Markt gefunden. Was hatte das konkret mit der Ideenfindung zu tun?

Genau das ist der eigentliche Hintergrund. Dieser ist aber schon zwei Jahre früher entstanden bevor XXX überhaupt gegründet wurde. Herr XXX hatte vorher schon Erfahrung im deutschen Markt gesammelt, indem er im Internet recherchiert hat-te, ob es Portale gibt, die bei einer Gebäudesanierung den Endkunden unterstüt-zen. Er hatte damals das Problem, dass sich seine Eltern eine Solaranlage anschaf-fen wollten. Da die Eltern nicht sehr online affine waren, hatte Herr XXX für sie online recherchiert, wie man eine solche Anlage anschafft. Er hat sich dann als Endkunde auf ein Portal im Photovoltaikbereich eingetragen, der Interesse an ei-ner PV-Anlage hat. Überraschenderweise kam kein Feedback zurück und das war natürlich als Endverbraucher sehr unbefriedigend. Mit dem Wissen, der Erfah-rung und der Recherche von Herr XXX auf dem internationalen Markt kam der Ansatz und die Idee, dass es ein derartiges Portal in Deutschland geben muss. Dieses sollte Ansprechpartner für Endkunden sein und alles aus einer Hand bie-ten. Damit meine ich, der Endkunde kann eine Anfrage stellen, wird beraten und bekommt ausführende Betriebe vermittelt, die die Sanierung umsetzen.

Genau das, was Herr XXX damals gesucht und ansatzweise gefunden hat. Aller-dings war die Dienstleistung dahinter nicht ausreichend. Er wurde nicht kontak-tiert, hat keine Angebote bekommen und es war eigentlich nicht das was er woll-te. Durch diese Negativerfahrung hatten wir dann das Ziel als Start-up in den Sa-nierungsmarkt zu treten und die vorhandenen Probleme zu lösen.

Frage 3: Habt ihr euch vorher Geschäftsmodelle anderer Unternehmen ange-guckt? Du hattest ja gerade schon erwähnt, dass ihr euch Portale in Amerika und

Frankreich angesehen habt. Habt ihr euch genau gefragt, was kann man besser machen?

Wir haben uns bei diesen ausländischen Portalen angeschaut wie diese Unternehmen online die Daten von den Endverbrauchern aufnehmen und wie der digitale Ablauf war. Der eigentliche Plan wurde durch diese Analyse nach einem dreiviertel Jahr umgeschmissen, da wir nach eigener Erfahrung gemerkt haben, dass es eben nicht klappt den Kunden komplett „digital zu behandeln". Der Kunde ist bei Produkten und Dienstleistungen im Handwerkerbereich nicht vergleichbar mit einem Kunden von beispielsweise Amazon, wo der Produktkauf direkt online stattfindet. Bei dem Geschäft der Sanierung, bei dem auch größere Summen im Raum stehen, will der Endkunde eine echte Beratung und einen persönlichen Kontakt haben. So mussten wir feststellen, dass es nicht komplett online umsetzbar ist und unseren Ansatz ein Stück weit korrigieren. Das gehört natürlich auch zum Entwicklungsprozess eines Geschäftsmodells dazu. Man schaut sich an, was am Markt funktioniert und im besten Fall ist man so flexibel, dass man sich anpassen kann. Wir haben dadurch gemerkt, dass unser Energiecheck ein gutes Tool ist aber eben nicht das, welches einen Endkunden bis zum endgültigen Abschluss begleitet. Das mussten wir korrigieren. Wir haben in Deutschland weiter recherchiert und festgestellt, dass es nicht unbedingt ein großes Portal wie im Ausland sein muss über das alles digital abläuft, sondern haben das Geschäftsmodell verändert. Das neue Konzept bestand daraus, Leads auf einem recht schnellen Weg einzusammeln, anschließend eine persönliche Kundenberatung durchzuführen und dann diese Kunden an die Handwerker weiterzuvermitteln.

Frage 4: Wie seid ihr bei der Entwicklung des Geschäftsmodells vorangegangen? Habt ihr dann direkt eine GmbH gegründet?

Bei uns war es ziemlich unkonventionell und im Nachhinein würde ich mit der Erfahrung auch vieles anders machen. Wir waren damals aber auch nicht wirklich gründererfahren. Wie gesagt, wir hatten dann dieses Papier, indem wir den Markt in Deutschland und im Ausland untersucht hatten und unser hauptsächliches Tool, den Energiecheck beschrieben haben. Auf Basis dieses Papiers haben Herr XXX und Herr XXX versucht das Exist Stipendium zu bekommen, was ja leider nicht geklappt hat. Wir haben dann trotzdem hier regional in Niedersachen zwei Förderpreise gewonnen und wurden dann relativ schnell vom Land Niedersachsen gefördert. Das heißt, wir haben dann einen Zuschuss bekommen für das Büro und eine etwas größere Finanzierungssumme. Als das in Aussicht stand haben wir uns gesagt, wir gründen jetzt direkt die Firma. Wir haben dann relativ schnell, bevor die Förderung überhaupt da war eine UG gegründet und im folgenden Jahr auf eine GmbH gehoben. Also haben wir sehr früh noch in der Konzeptphase, wo man es eigentlich auch nicht braucht schon eine UG gegründet. Das hatte auch einige Nachteile, da wir gewissen Pflichten nachkommen mussten, die eine UG mit sich bringt. Dies hätte man sich ersparen können und das Konzept noch ausreifen lassen. Aber wir waren damals sehr enthusiastisch und haben sofort gegründet. Ist nicht immer zwingend der beste und klassische Weg, aber so haben wir es gemacht. Danach haben wir weitere Förderungen bekommen und das ganze konzeptionell weiterentwickelt, um überhaupt ein Unternehmen aufzubauen.

Frage 5: Habt ihr bei der Entwicklung eine bestimmte Methode genutzt z. B. Business Model Canvas oder St. Galler Business Navigator?

Die beiden Methoden sind mir leider unbekannt und das Ganze ist auch nicht wirklich methodisch passiert. Wir haben natürlich täglich zusammengesessen und uns Gedanken gemacht, was muss jetzt passieren, wo können wir Netzwerke und Kontakte knüpfen, wie muss das alles aufgebaut werden. Das haben wir fast täglich getan aber eher im Zusammensitzen mit Brainstorming und Absprechen. Der gesamte Prozess war wenig methodisch geprägt und wir haben keine bestimmten Tools verwendet.

Frage 6: Welche Kreativitätstechniken und Tools habt ihr bei der Entwicklung eingesetzt? Du hattest ja gerade schon erwähnt das ihr keine wirklichen Tools oder Kreativitätstechniken verwendet habt. Hat man sich denn versucht in den Kunden hinein zu versetzten, z. B. was der Kunden genau für Bedürfnisse hat?

Na klar wir haben z. B. Customer-Lifetime-Journeys gebaut. Wie verhält sich der Kunde genau und wie bewegt er sich. Wir haben Modelle aufgebaut, die sich auf den Handwerker bezogen haben und wie wir diesen ansprechen. Wir haben auch etliche Folien zusammengebaut, um uns vorzustellen wie die ersten Kooperationen verlaufen. Wir haben zudem versucht hier in Hannover ein Netzwerk aus Handwerkern zu generieren. Klar, man denkt sich in alle Teilbereiche hinein und versucht alles nachzuvollziehen. Man merkt es jedoch erst wirklich, wenn man mit den Partnern real kooperiert. Wir haben nach einem dreiviertel Jahr unsere Website online gestellt und haben den ersten Traffic bekommen. Dadurch merkst du erst richtig wie der User und wie sich beispielsweise ein Kunde, der sich in unserem Portal einträgt, verhält. Dann gehst du die ersten Kooperationen mit Handwerkern ein und merkst dadurch erst, wie diese sich in der Realität verhalten. In dieser Zeit hat sich unser Geschäftsmodell auch sehr stark angepasst, da wir die ersten Reaktionen und Feedback bekommen haben. Also wie gesagt, wir sind nicht vom „grünen Tisch" mit einem fertigen Konzept in die Umsetzungsphase, sondern haben im ersten Jahr sehr stark immer wieder Anpassung vorgenommen. Oft war der Grund für diese Veränderung, dass unsere Recherche im Vorfeld nicht qualifiziert genug oder auch falsch war. Wir haben nach dem ersten Markteintritt erst gemerkt, wie es funktionieren kann und mussten diesbezüglich immer wieder Anpassung vornehmen. Also es war überhaupt nicht wie bei der Produktentwicklung, wo man etwas an der Tafel plant und dann umsetzt. So war es bei uns überhaupt nicht, sondern sehr iterativ, immer wieder mit Rückmeldung und Feedback aus dem Markt und wir haben anhand unserer Recherchen das Geschäftsmodell regelmäßig angepasst.

Anhang 2

Experteninterview mit Herr XXX, geführt am 06.10.2017

Transkribiertes interview

Name des Interviewten: Herr XXX

Beruf: Geschäftsführer von XXX

Frage 1: Wie ist die Idee eures Geschäftsmodells entstanden?

Die Idee ist nicht auf dem Reisbrett wie bei XXX entstanden. Herr XXX und ich haben uns überlegt was kann man im App-Bereich machen. Herr XXX kommt aus dem Bereich und hatte schon vorher einige Apps für den App-Store programmiert und eine App davon hieß Gagdet. Diese App bestand aus einem Spiel, indem man erraten musste, was ein anderer malt. Eine ähnliche App hieß Draw something und war sogar schlechter und wurde kurz danach für 200 Millionen verkauft. Dann dachte ich mir, kann ja nicht sein das du nicht an die Monetarisierung denkst und wir haben in der Freizeit darüber gesprochen. Dann ist uns die Idee gekommen eine App zu bauen die User monetarisiert. Daraufhin haben wir eine App entwickelt die XXX hieß. Kann man sich so vorstellen wie ein Appstore im Appstore. Der User lädt sich XXX runter und kann dann dort verschiedene Apps runterladen oder bestimmte Aktion tätigen und kriegt dafür Geld. Das war ein Wochenendprojekt, welches dann ziemlich schnell Fahrt aufgenommen hat. Ich habe dann verschiedenen Werbenetzwerke angeschrieben im Mobilemarketingbereich und die haben uns dann eingebunden, weil irgendwo muss ja auch die Bezahlung für die Kunden herkommen. Es gibt App-Entwicklungsfirmen die bringen ein Spiel raus und haben keine User. Diese wollen natürlich in kurzer Zeit mehrere tausende von Usern haben. Diese gehen dann zu einer Mobilemarketing-plattform und kaufen dort Downloads ein und diese Einkäufe konntest du dann in der App sehen. Alles nach der App lief dann sehr marktorientiert. Irgendwann haben uns User gefragt, ob sie direkt bei uns Downloads kaufen können. Daraufhin haben wir uns gesagt, dann bauen wir eine komplette Marketingplattform um die App herum, um diesen Service auch anbieten zu können. Im Grunde haben wir uns am Wochenende zusammengesetzt, Brainstorming gemacht, viel überlegt und der Rest ist eigentlich am Markt entstanden aus einer kleinen Idee heraus. Am Ende ist was ganz anderes daraus geworden, was wir so nicht erwartet hätten.

Frage 2: Wie ist das alles so schnell groß geworden und wie war der genaue Ablauf?

Es ist alles ein bisschen über uns hinausgewachsen. Wir dachten uns, lass uns die App machen und ein bisschen Taschengeld verdienen. Herr XXX hat wie gesagt die App programmiert und ich habe mich um die Kooperation und Marketing-maßnahmen gekümmert, also um die Businessseite. Nachdem wir die App hatten, kamen User ohne Werbung rein. Dann haben wir einiges an Umsatz gemacht und mussten gründen. Also wir haben irgendwann die Kleinunternehmerregelung überschritten und über zwanzigtausend Euro Umsatz gemacht und mussten dann Buchführung etc. machen. Es hat sich alles ziemlich schnell entwickelt und dann kamen die ersten Supportanfragen, mit jeglichen Problemen auf die du Antworten musst und irgendwann mussten wir uns halt entscheiden. Lassen wir das so laufen oder stellen wir jemanden ein oder arbeiten wir bei unserem alten Jobs weiter.

Frage 3: Habt ihr euch auch andere Geschäftsmodelle angeguckt?

Wir haben uns natürlich andere Apps angeschaut. Wir wollten eine App bauen die auf Monetarisierung ausgelegt ist, wovon die User und wir profitieren. Da gab es schon einige Apps im Markt und wir haben versucht die Schwachstellen zu verbessern. Es gab z. B. noch keine Auszahlung über Paypal. Das haben wir eingeführt und das haben natürlich alle Konkurrenten schnell kopiert. Alles andere war dann sehr marktgetrieben. Der Mobilemarketingmarkt ist einer der größten Märkte überhaupt und Leute geben in dem Bereich viel Geld aus und deswegen haben wir dann auch die Plattform um die App gebaut.

Frage 4: Wie seid ihr bei der Entwicklung vorgegangen? Seid ihr rein methodisch vorgegangen oder eher nach dem Trail and Error Prinzip?

Ja genau nach dem Trial-and-Error Prinzip. Wir haben geschaut, was gut am Markt funktioniert, ausprobiert und wenn es nicht so funktioniert hat, wie wir es uns vorgestellt haben, wurden Anpassungen vorgenommen. Was wir dann z. B. gemacht haben, nachdem wir die App und die Plattform gebaut haben ist, dass wir anderen Firmen unser Dashboard angeboten haben und die über unsere Plattform Downloads verkaufen konnten. Das ist aber auch nur marktgetrieben entstanden.

Frage 5: Habt ihr bei der Entwicklung Methoden eingesetzt wie z. B. den Business Model Canvas oder den St. Galler Business Navigator??

Nein die Methoden sagen mir überhaupt nichts. Also der ganze Prozess war wenig bis gar nicht methodisch. Eher alles sehr markgetrieben und am Kunden orientiert. Es war nie so, dass wir gesagt haben, das wollen wir machen und dahin wollen wir und das ist das Business Model und den Prozess in verschiedene Phasen oder Schritte eingeteilt. Du hältst dich eigentlich nicht wirklich an das Konzept, weil du immer guckst, was der Markt verlangt. Es ist nicht immer vorhersehbar, ob das was du entwickelt hast, überhaupt am Markt funktioniert. Teilweise haben wir auch Sachen entwickelt, die laut Businessplan perfekt waren und im Nachhinein nicht vom Markt angenommen wurden.

Frage 6: Habt ihr irgendwelche Kreativitätstechniken genutzt oder habt ihr versucht euch in den Kunden hineinzuversetzen?

Ja natürlich du denkst dich in alle Kunden rein. Es gibt ja sehr viele Kunden. Zum einen den App-Nutzer, wo wir uns beispielsweise überlegt haben was für Auszahlungsmöglichkeiten für den Kunden am wichtigsten sind. Wir hatten erst nur Auszahlung per Gutschein und per Paypal. Haben dann aber gemerkt, dass auch sehr viele Amazon brauchen und diese Zahlungsmöglichkeit integriert. Für indische Nutzer haben wir auch einige Erweiterungen eingefügt, da die ein anderes Bezahlsystem haben. Auf der anderen Seite hatten wir dann die Kunden, die Werbung einkaufen und unserer Plattform für ihr Marketing nutzen. Für diese haben wir immer mehr Erweiterung eingefügt wie z. B. wichtige Messtools, die bestimmten Daten erfassen. Aber wirkliche Kreativitätstechniken haben wir nicht angewandt. Wir haben eher immer viel zusammengesessen und viele Dinge auf dem Markt angeschaut.